2020年江苏省社科基金后期资助项目
"协同推进长三角民营经济高质量发展研究"（20HQ013）阶段性研究成果

主编　陈鹏远

创芯源

高等教育产学研合作经典案例

CHUANG XIN YUAN

GAODENG JIAOYU CHANXUEYAN HEZUO JINGDIAN ANLI

苏州大学出版社
Soochow University Press

图书在版编目(CIP)数据

创芯源：高等教育产学研合作经典案例／陈鹏远主编. -- 苏州：苏州大学出版社, 2023.9
ISBN 978-7-5672-4185-5

Ⅰ.①创… Ⅱ.①陈… Ⅲ.①高等职业教育－产学合作－案例－中国 Ⅳ.①G718.5

中国国家版本馆 CIP 数据核字(2023)第 051215 号

创芯源——高等教育产学研合作经典案例
陈鹏远　主编
责任编辑　肖　荣

苏州大学出版社出版发行
(地址：苏州市十梓街1号　邮编：215006)
江苏凤凰数码印务有限公司印装
(地址：南京市栖霞区尧新大街399号　邮编：210000)

开本 787 mm×1 092 mm　1/16　印张 12.75　字数 216 千
2023 年 9 月第 1 版　2023 年 9 月第 1 次印刷
ISBN 978-7-5672-4185-5　定价：59.00 元

图书若有印装错误,本社负责调换
苏州大学出版社营销部　电话：0512-67481020
苏州大学出版社网址　http://www.sudapress.com
苏州大学出版社邮箱　sdcbs@suda.edu.cn

推动产学研深度融合
为建设"强富美高"新江苏注入强劲动力
——为《创芯源》作序

张鹏瀚

习近平总书记在哲学社会科学工作座谈会上明确要求哲学社会科学应该以正在做的事情为中心,从我国改革发展的实践中挖掘新材料、发现新问题、提出新观点、构建新理论。陈鹏远同志主编的《创芯源——高等教育产学研合作经典案例》以我国现代化前沿的江苏省常州市的企业与地方政府的实践为研究对象,从大量的调研与经典案例中发现新问题、提出新观点、构建新理论,研究、提炼与总结了他们在科技自立自强上的新突破与新经验,为江苏省乃至全国的现代化创新实践提供鲜活的、系列的、有益的借鉴与参考,是把论文写在大地上的研究现代化建设实践的经典之作。

2023年7月5日,习近平总书记在江苏调研时,明确要求江苏"在科技自立自强上走在前""在科技创新上取得新突破"。这是江苏在科技创新引领中的新使命,而要更好地担负起这一光荣使命,根据创新的规律与当前存在的突出问题,重要的就是推动产学研深度融合。本书提出了产学研深度融合中几个至关重要的问题。根据本书的内容与创新的现状,当前推动产学研深度融合还应注重以下几点。

第一,要进一步深刻认识推动产学研深度融合的重大现实意义。从表面上看,产学研合作是企业、科研院所和高等学校之间的合作,是三方的事,合作得好不好也是三方的事,产学研能否深度融合,确实事关江苏和国家的发展,因为产学研的深度融合是科技创新的上、中、下游的深度对接与耦合,是科技创新的一体化。显然,如果科技创新的上、中、下游不能有效对接与耦合,或只是浅层次地对接与耦合,科技创新就难以深入推进,江苏"在科技自立自强上走在前"和"在科技创新上取得新突破"又从何谈起？所以，推动产学研深度融合是推动江苏"在科技自立自强上走在前"和"在科技创新上取得新突破"的关键环节。对此，全省科技人要时刻有这样清醒的认识。

第二，要大力度破解推动产学研深度融合中的难点问题。推进产学研深度融合是一项系统工程，涉及"政、产、学、研、金"诸多方面，系统性强，难点多，堵点多，体制障碍多，利益分割多，这就是为什么一直难以高效推动的关键所在。在推进过程中，政府、企业、科研院所、金融机构、社会组织等，既要齐心协力，又要共同找到问题的难点，有针对性地去破解。在诸多难点中，第一是体制的障碍，在各个环节都不同程度的存在，这是需要破解的重点，特别需要政府下大力气；第二是各个相关主体都存在着不同的利益关系，有直接的利益，也有间接的利益，只有找到利益的结合点与最大公约数，才能找到破解的真正路径。本书为破解这两方面的难点及其他相关的难点，提供了好经验、好思路，值得政府与企业及科研单位学习借鉴。

第三，要不断完善推动产学研深度融合中政府和市场的关系。首先要明确的是，政府和市场的关系不是一种对立的关系，而是一种互相依存的关系；其次要明确的是，政府和市场的关系不是一方领导另一方的关系，而是一种平等关系。这是不断完善推动产学研深度融合中政府和市场关系的基础，因此要加强政府和市场的利益协调与行为协调。一方面，政府要积极营造有利于推动产学研深度融合的良好环境，能够让各方市场主体从中受益；另一方面，凡属市场能解决的问题，政府要坚决简政放权、松绑支持，以充分发挥市场配置资源的作用；而那些凡市场不能有效解决的问题，政府应当主动补位，该管的要坚决管，不仅要管到位，而且要管出水平、管出效率、管出效果。总而言之，推动全省产学研深度融合的体系一定是一个既能保证政府层面统筹协调，又能充分调动各方主体责任、促进产学研深度融合和各方利益最大化的体系。为此，全省科技人在工作中一定要锤炼出这样的真实本领。

第四，要及时总结、着力推广产学研深度融合的成功经验。全省各地在推动产学研深度融合过程中都进行了积极的思考和有益的实践探索，并建立了具有自身特色的工作模式，这也为形成产学研深度融合的"江苏方案"，为推动江苏产学研深度融合走在全国前列奠定了良好的基础。我们一定要及时总结这方面的成功经验，并形成高效的成果，向全国推广，这也是江苏走在前列的应有之义。

陈鹏远主编的《创芯源——高等教育产学研合作经典案例》是一本及时总结高校推动产学研深度融合成功经验的好书。全书分为六篇，以问题为导向，较为详细地介绍了常州在推动产学研深度融合方面的成功做法，实践中有理论思考，成功中也不乏鲜活的经典，值得全省科技人一读。

推动江苏产学研深度融合，可谓任重而道远。我们要牢记习近平总书记的谆谆嘱托和殷殷期盼，切实增强"等待观望不得"的紧迫感、"慢进就是退"的危机感、急起直追的责任感，全面实施创新驱动发展战略，将深化江苏产学研深度融合作为推动江苏"在科技自立自强上走在前"和"在科技创新上取得新突破"的关键举措，为全面推进江苏高质量发展走在前列注入强劲动力，奋力谱写新时代建设"强富美高"新江苏的新篇章。

目 录
Contents

第一篇　转型创新提质效

前瞻研究开新局
　　——常州太平通讯科技有限公司 ……………………………………… 3

极限突破书新篇
　　——江苏合一金属新材料科技有限公司 ………………………………… 11

产教融合迈新步
　　——常州市运控电子有限公司 …………………………………………… 15

合力研发解新题
　　——中铁建电气化局集团轨道交通器材有限公司 ……………………… 19

关键技术画新卷
　　——常州市天龙光电设备有限公司 ……………………………………… 23

产品换代展新颜
　　——江苏德春电力科技股份有限公司 …………………………………… 29

创新工艺出新彩
　　——常州吉恩药业有限公司 ……………………………………………… 33

产学育智谱新曲
　　——汉得利（常州）电子股份有限公司 ………………………………… 37

第二篇　模式创新促升级

携手高校育先机
　　——江苏优埃唯智能科技有限公司 ………………………… 43

整合优势占先手
　　——常州亚邦制药有限公司 …………………………………… 51

加快转化我先行
　　——常州联德电子有限公司 …………………………………… 55

五轴联动开先河
　　——常州市武进广宇花辊机械有限公司 …………………… 61

汇聚人才为先导
　　——常州中铁蓝焰构件有限公司 …………………………… 65

现代技术铸先进
　　——江苏蓝盾智能科技有限公司 …………………………… 69

第三篇　服务创新开先锋

政府牵线创佳绩
　　——西夏墅镇政府 ……………………………………………… 75

政企同心候佳音
　　——常州市海力工具有限公司 ……………………………… 80

中医名药传佳话
　　——亚邦医药股份有限公司 ………………………………… 84

三方联合写佳作
　　——常州市交通运输局 ……………………………………… 88

数据决策入佳境
　　——常州市城市建设（集团）有限公司 …………………… 92

第四篇　开放创新向全球

虚拟现实看天下
　　——中非（南）职业教育合作联盟、美国国家仪器有限公司 ………… 99

国际合作走天下
　　——天合光能股份有限公司 ………………………………………… 107

携手跨国闯天下
　　——江苏佳尔科药业集团股份有限公司 …………………………… 112

志存高远跑天下
　　——常州市翰琪电机有限公司 ……………………………………… 115

技术为王康天下
　　——常州强力电子新材料股份有限公司 …………………………… 121

第五篇　机制创新强产业

远程系统眺万里
　　——常州安控电器成套设备有限公司 ……………………………… 127

人才定制定乾坤
　　——江苏河海新能源股份有限公司 ………………………………… 131

深度聚焦集绿水
　　——江苏金梓环境科技股份有限公司 ……………………………… 137

从0到1一举突破
　　——中盐金坛盐化有限责任公司 …………………………………… 142

力达先进乐于此
　　——江苏力乐汽车部件股份有限公司 ……………………………… 148

产研双向双丰收
　　——江苏河马井股份有限公司 ……………………………………… 154

需求引领引航者
——常州市大华环宇机械制造有限公司 …………………… 158

理实一体一招控
——常州帕斯菲克自动化技术股份有限公司 ………………… 161

创先一步一枝秀
——常州聚和新材料股份有限公司 …………………………… 164

第六篇　专精特新创一流

百年电缆
——江苏上上电缆集团有限公司 ……………………………… 171

工业大奖
——旷达科技集团股份有限公司 ……………………………… 177

潜力无限
——常州亚玛顿股份有限公司 ………………………………… 182

产业强链
——常州中英科技股份有限公司 ……………………………… 186

智能制造
——五洋纺机有限公司 ………………………………………… 189

后记 ……………………………………………………………… 193

第一篇 转型创新提质效

前瞻研究开新局
——常州太平通讯科技有限公司

【公司】 常州太平通讯科技有限公司（原常州太平电器有限公司），成立于1993年，注册资本33 000万元，为港澳台投资企业。公司致力于通信产业，提供物理连接保护和物联网产品方案与服务，志在成为全球一流的物理连接管理和物联网智慧管理领域的方案解决者。公司是高新技术企业、两化融合贯标认证企业、江苏省创新型企业，组建有国家CNAS（中国合格评定国家认可委员会）实验室、江苏省光纤网络连接与保护系统工程技术研究中心、江苏省企业技术中心、江苏省研究生工作站和常州太平光通信器件研究院等研发机构，被认定为江苏省重点企业研发机构。公司通过自主研发和产学研合作的形式，先后承接了国家火炬计划、创新基金和江苏省科技成果转化等重大科技项目；累计研发高新技术产品30个；参与70余项国家及行业标准的起草；获得各类科技成果150项，其中发明专利20余项，实用新型专利128项，软件著作权10项。

连接世界　智配未来

早在2013年，常州太平通讯科技有限公司与东南大学就开展了产学研合作，并于2014年5月在第九届中国常州先进制造技术成果展示洽谈会（图1-1）上举行了项目签约仪式，签订了"光接入网智能保护与连接系统关键技术研究"产学研合作协议，并独占许可东南大学的"一种混合型无源光网络及其故障定位和恢复的方法"等3项发明专利技术。公司希望依托东南大学光传感/通信综合网络国家地方联合工程研究中心在"智能光网络保护和恢复"技术上的优势，合作研发光通信网智能保护与连接装备，解决光分配网（ODN）网络管理和维护的通信行业共性问题。

图1-1　第九届中国常州先进制造技术成果展示洽谈会现场

2014年7月，该项目获批江苏省科技成果转化专项资金项目，获得江苏省财政厅900万元的配套资金扶持，加速了研发及产业化进程。通过三年的研究，该项目圆满完成了研发及产业化任务目标。2018年3月，常州市科技局主持召开了项目验收会（图1-2），经过现场考察和专家质疑，验收委员会对该项目的成果给予高度肯定，一致同意通过验收。

图1-2　科技项目验收会现场

2018年3月，波分复用无源光网络保护与节能机制关键技术的产学研前瞻性联合研究项目获验收结题，并于同年获得江苏省科学技术奖专业组初评提名项目。

智能光纤　发扬"光"大

光通信网智能保护与连接装备研发项目针对光纤通信网络快速发展带来的海量光纤管理需求，以及运营商在光纤宽带网络建设与部署中的痛点，设计研发光通信网智能保护与连接装备。项目主要通过研发智能保护控制、节能控制和智能光纤连接管理等核心技术，在光线路终端（OLT）接口设备中集成三大功能模块，分别实现ODN链路故障诊断及保护切换功能、装备节能控制功能和光纤资源智能连接与管理功能，构建光通信网智能保护与连接装备设计演示平台（图1-3）。通过设计演示平台，模拟不同实际应用场景，优化保护与节能模块各项参数；对保护模块、节能模块、连接管理模块进行可靠性评估和测试，进一步提升整机装备运行的可靠性。

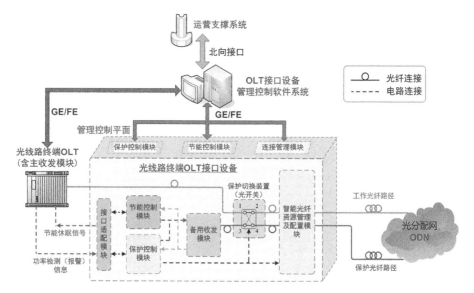

图 1-3　光通信网智能保护与连接装备设计演示平台

该项目基于光纤基础网接入层网络拓扑结构，针对波分复用无源光网络

（WDM-PON）、波分/时分复用混合无源光网络（WDM/TDM-PON）和时分复用无源光网络（TDM-PON），研究了两种可行的光通信网智能保护机制的实现方案，使保护方案更合理，从而减少光纤线路智能保护切换时间和故障恢复时间，保护切换时间从不大于 10 ms 缩短到不大于 6 ms，故障恢复时间从不大于 50 ms 缩短到不大于 35 ms。

方案 1：适用于 WDM-PON 和 WDM/TDM-PON 的网络保护切换机制。该机制基于对工作路径和保护路径的双线路功率监测，识别不同应用场景下的故障状况，通过共享式备用收发模块和保护切换装置的保护动作实现对馈线光纤的故障保护倒换及对分配光纤的局部故障的排除，甚至能够实现对网络中多处并发故障的排除。其保护控制模块结构如图 1-4 所示，WDM/TDM-PON 的故障排除和恢复流程如图 1-5 所示。

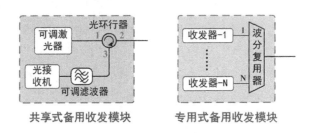

图 1-4　保护控制模块结构示意图

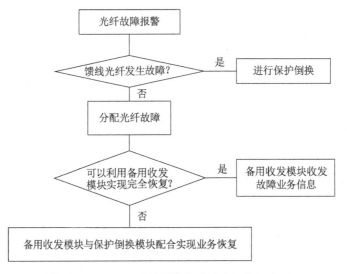

图 1-5　WDM/TDM-PON 的故障排除和恢复流程图

方案 2：适用于 TDM-PON 的网络保护切换机制。针对光接入网仍以 TDM-PON 接入为主的情况，设计了用于 TDM-PON 智能保护与连接装备的保护控制模块。该保护控制模块结构如图 1-6 所示，其使用光时域反射仪（OTDR）模块对主光缆进行状态监测，使用嵌入式系统与 OTDR 模块、接口模块、保护切换装置进行信息交互，并进行故障监测、辨别和切换管理。在有主光缆故障的情况下切换为使用备用光缆或备用 OLT 进行通信，实现对网络的故障保护倒换。TDM-PON 的故障排除流程如图 1-7 所示。

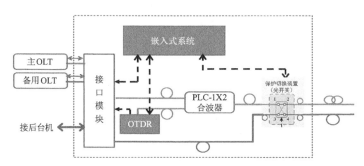

图 1-6　保护控制模块结构示意图

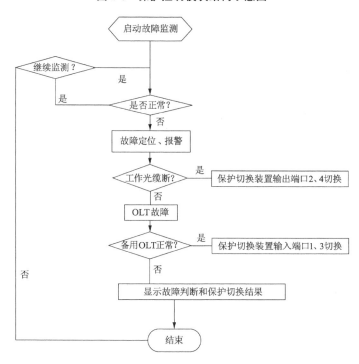

图 1-7　TDM-PON 的故障排除流程图

该项目通过研究分析系统中各个模块设备的能耗使用情况、能耗产生原因及其机理（图1-8），以及不同应用场景下的节能优化算法及其相关系统参数设置，提出了根据业务负载流量灵活调整时间判决门限的方法，提高了OLT接口设备的节能效率，使节能效率从45%提升到60%以上。

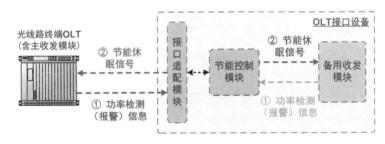

图1-8　节能机制原理图

另外，该项目还研发了高效、低功耗的eID电子芯片，将电子芯片焊接于印制电路板（PCB）上并封装固定于塑料外壳内，组成eID电子标签。该电子标签通过不同的固定件，可应用于FC、SC等多种端口，且更换时不中断其他端口的光业务，也不影响其他电子标签的工作状态。该eID电子标签（图1-9）的研发及应用，提高了设备的工作效率，使节能成本降低了25%以上。

图1-9　eID电子标签示意图

智慧组合　多方受益

在项目的研发过程中，东南大学作为项目技术依托单位，由孙小涵教授、朱敏教授、樊鹤红教授等14人组成科研小组，负责光接入网智能保护与连接系统演示平台搭建、保护机制研究、节能机制研究。公司作为项目承担单位，组建了项目领导小组，负责项目的组织实施、研发、试制、生产及推广应用。公司主要负责光通信网智能保护与连接装备总体技术方案的设计，光纤熔配技术、光纤信息资源管理技术、设备装维作业监控技术研究，样机仿真设计平台及测试平台搭建等研发工作。在研发过程中，双方保持了良好的合作关系，攻克了无源光网络智能保护控制机制和 OLT 接口设备节能控制机制技术难题，联合申请了 2 项发明专利成果，专利成果按协议约定为双方共同拥有。该项目团队累计获得授权专利 21 件，其中发明专利 5 件；获得软件著作权 3 件；参与起草行业标准 1 项，编制企业标准 1 项。该项目的成功实施，加快了公司技术研发重心和产品结构的调整，推动了公司"两化融合"和 CNAS 实验室认证的实施，打造了公司垂直一体化的智能制造能力，为公司实现跨越式发展奠定了坚实基础。本项目产品累计销售 11 268 套，实现销售收入 33 935 万元，缴税 5 430 万元，创造利润 6 653 万元，为公司创造了较好的经济效益。

该项目的研究及应用为光接入网提供了在线、实时、智能的保护切换及连接管理手段，可以提高光纤部署的自动化程度和效率，降低由手工操作导致的光纤连接及光纤资源错误率，极大地提升了我国光接入网系统的整体可靠性与业务安全性水平，不仅有利于推进"宽带中国"战略及方案的实施，而且有利于 4G 网络的发展及 5G 移动通信网络建设，对促进我国通信行业的健康发展，推动光纤配线产业的智能化、智慧化进程具有重要意义。另外，该项目整合了物联网技术、电子控制技术、信息管理技术及通信传输技术，产品涉及的技术广，可促进电子、信息、机械、材料、智能装备等相关产业发展，形成互补联动效应，提升整个 ODN 产业链的价值，给运营商、设备商、服务商带来新的市场机遇。

【研究机构】 东南大学光传感/通信综合网络国家地方联合工程研究中心(原东南大学光子学与光通信研究室)，由 20 多名教授、副教授、博士研究生等高层次研究人员及近百名硕士研究生组成；系东南大学专门从事光纤网络理论与技术、光子器件与光电子集成器件技术、微波光子器件和系统技术、电子器件与系统可靠性技术研究的科研教学部门。现为中国电子学会光通信专家委员会副主任单位、中国电子学会真空电子学分会副主任单位、南京光通信与光电子技术研究会理事长单位、江苏省通信学会光通信与线路专业委员会主任单位。2011年6月29日,中心成立专家委员会。该专家委员会汇聚了国际、国内光传感/通信与网络的知名专家及省内网络运行商代表,构建了高端人才平台。

中心近十年来承担了国家重点科技攻关、国家自然科学基金、军事电子预研、863、江苏省高技术及基金等项目,获部省级科技进步奖6项,通过国家及部省级鉴定14项。与国际著名大学和研究机构有着密切联系。多年研究工作的积累已使实验室具备从事光子器件、光集成技术、光通信和网络关键技术等领域科研工作的基本条件。

极限突破书新篇
——江苏合一金属新材料科技有限公司

【公司】 江苏合一金属新材料科技有限公司是一家专门生产金属材料的企业，长期与钢研纳克检测技术股份有限公司、北京科技大学合作研发新型材料，为市场提供优质的钢材。作为中国金属材料解决方案供应商，其拥有一流的冶金加工服务和技术专长，是行业的实践者与先行者。其产品组合包括系列高性能高速钢、高温合金、工模具钢和其他优质钢材产品，服务航空航天、军事、汽车、电子、家电、包装、建筑、海事和资源回收等各行各业。

合金高速钢　耐力十足

高速钢（HSS）是一种具有高硬度、高耐磨性和高耐热性的工具钢，工艺性能好，强度和韧性配合好，因此主要用来制造复杂的薄刃和耐冲击的金属切削刀具，也可用来制造高温轴承和冷挤压模具等。随着中国航空航天事业的飞速发展，有色金属加工成为高端高速钢发展的契机。

公司与北京科技大学紧密合作，建有高速钢材料研究中心，下设技术研发部、设备工程部及产品质量部，并先后与国内同行业标准委员会及先进企业开展一系列产学研合作，具备较强的研发能力，累计投入研发经费近千万元，研发设计成套生产线及其配套设施，为产品的成功开发奠定了良好的基础。公司成功攻克了国内高端铝合金高速钢材料的各类技术难题，对生产工艺进行了多次改进，建成了高速钢材料生产线，最终产品经全国刀具标准化技术委员会、常州产品质量监督检验所、钢研纳克检测技术股份有限公司检测，其各项性能指标均能满足用户需求，且产品已批量推广使用，获得用户肯定。产品的成功研发突破了我国高速钢生产关键技术瓶颈，填补了国内高端高速钢材料领域的技术空白，打破了发达国家对该领域的技术封锁和市场垄断。

深研核心点　突破极限

公司通过产学研合作，致力于高性能高速钢材料工艺技术及生产线的开发，旨在提高丝锥专用合金材料的性能，实现高速钢材料产品的批量生产。公司在以下几个方面实现了技术突破：

（1）专用合金设计技术。专用合金材料一般要求具有良好的耐磨性、韧性和红硬性。为了获得以上相关性能，应适当增加回火组织中的碳化物颗粒数量，并使碳化物颗粒尽可能地粒度圆整、均匀弥散分布。因此，在合金成分设计时要提供能形成相关类型碳化物的可能。该项目开发了一种专用于丝锥的合金材料，采用Thermo-Calc热力学计算软件进行不同合金成分的基体相组成和析出行为的分析，确定最终合金成分；通过合金元素和稀土含量的匹配，实现对组织的精细化控制，提高材料的耐磨性和红硬性。

（2）合金定向凝固技术。目前，国际上丝锥材料采用粉末冶金加热等静压成型工艺进行制备，这种工艺的优点是可以使碳化物颗粒度细小、分布均匀，但其缺点是颗粒之间的结合强度低，韧性不足，易导致成品丝锥的脆性断裂，并且其生产成本和生产设备费用高。

采用MeltFlow-ESR数值模拟软件和电渣重熔定向凝固技术可减轻材料的偏析、细化碳化物，动态调整电流和电压，利用快速凝固技术可减轻合金材料的宏观偏析和微观偏析，细化枝晶组织，控制液相凝固末期一次碳化物形成的数量、尺寸及形态。定向凝固技术相比于粉末冶金工艺而言，生产设备简单，工艺流程短，生产所需成本较低，且生产的合金材料组织致密，晶界结合力强，不易断裂，韧性高。

（3）锻造、热处理及成型加工技术。利用合金调质、热处理及棒材成型技术，结合在线检测与调控技术，通过材料组织的精细化控制，实现对丝锥专用合金材料的后期系列成品的加工制备，提高合金性能。采用合金化方式控制可能形成碳化物的类型，提高合金强度。通过定向凝固技术有效细化丝锥专用合金材料的凝固组织和控制碳化物的尺寸、数量、形态及其分布。利用锻造及热处理工艺进一步提高组织的均匀性，并细化碳化物，改善其分布状态，提高材料的耐磨性、红硬性及韧性。最后，进行成型加工制备，获得性能优异的丝锥成品。

精益求精　成果显著

该产学研项目当年生产 20 万支丝锥，累计实现销售收入 8 000 万元，纳税 1 000 万元，净利润 2 500 万元。生产线的产品质量、生产效率、稳定性等关键指标达到了国际水平，打破了发达国家在高强度、低成本、高韧性的丝锥专用合金材料方面的技术垄断，填补了我国丝锥专用合金材料领域的技术空白，提升了我国高性能刀具的国际竞争力。

北京科技大学钢铁冶金新技术国家重点实验室在高性能工具材料设计方面的技术和人才优势，为项目顺利实施提供了有力的保障。项目以开发高端丝锥专用合金材料并实现产业化，替代进口同类产品为目标，研究成分控制、精炼工艺、锻造和热处理工艺，从而获得性能优异的丝锥专用合金材料。项目的关键是精炼工艺的优化，锻造和热处理工艺对组织和性能控制的影响。选用合适的材料成分是产品试制的前提，现有国内材料纯净度不高造成带状偏析严重，液析碳化物粗大且均匀度低，在进行材料加工和工具使用时容易折断。国内原材料纯度不高主要是由于成分要求宽裕且材料不纯，因此公司系统研究了加工不同材质的材料，最终优化了材料成分要求，采用真空感应炉冶炼前期母料，较好地控制了有害元素及气体含量。

钢锭浇筑冷却过程中产生偏析是无法避免的。公司采用了连续定向凝固电渣重熔技术，极大地降低了电渣锭偏析程度，且使凝固组织方向趋于一致，极大地降低了后续热加工的难度，也细化了一次碳化物。另外，电渣重熔过程中增加了氩气的全程保护，将电渣锭材料中的气体含量控制到极低的水平。本产品采用的是六面锻造技术，严格控制锻造工艺参数，再经过后续热处理等工序，使用性能超过进口材料的粉末冶金材料，且每火锻造都控制在材质塑性极限内（65%左右变形量），而国内同类产品锻造变形量一般在 30%左右。大锻比的锻造操作有利于改善碳化物破碎及材料偏析，细化材料组织，极大地提高材料强度和耐磨性。公司对比了国内外高速钢热处理工艺，综合考虑了材料的整体性能，形成了一套内部热处理工艺及相关验收指标。该热处理工艺对产品晶粒度和碳化物尺寸的影响较小，均匀的热处理硬度和深冷的强韧处理较好地提高了材料使用寿命。

【高校】 北京科技大学的历史渊源可追溯至1895年北洋西学学堂创办的中国近代史上第一个矿冶学科。1952年，学校由天津大学（原北洋大学）、清华大学等6所国内著名大学的矿冶系科组建而成，名为北京钢铁工业学院，是新中国建立的第一所钢铁工业高等学府。1960年，更名为北京钢铁学院，并被批准为全国重点高等学校。1984年，成为全国首批正式成立研究生院的高等学校之一。1988年，更名为北京科技大学。1997年5月，学校首批进入国家"211工程"建设高校行列。2006年，学校成为首批"985工程"优势学科创新平台建设高校。2014年，由学校牵头的，以北京科技大学、东北大学为核心高校的"钢铁共性技术协同创新中心"成功入选国家"2011计划"。2017年，学校入选国家"双一流"建设高校。2018年，学校获批国防科工局、教育部共建高校。目前，学校已发展成为一所以工为主，工、理、管、文、经、法等多学科协调发展的教育部直属全国重点大学。

产教融合迈新步

——常州市运控电子有限公司

【公司】 常州市运控电子有限公司是专业提供精密电机、驱动、自动化设备和解决方案的制造商。公司成立于1999年，有员工600余人。公司秉承全心全意为客户服务的理念，致力于成为精密电机、驱动、自动化设备制造商及整体解决方案的综合服务商。

公司以"打造精致运控，为行业前五位客户提供价值"为战略目标，坚持"开放、尊重、专业、聚焦、创新、服务"的价值观，确立了以"三好（好品质、好价格、好服务）三快（快响应、快交付、快创新）"为核心竞争力，不断提高企业素质和产品质量。公司严格执行ISO9001：2015、IATF16949体系质量标准，生产的步进电机、无刷电机、伺服电机及减速机获得国内客户的好评，并通过欧盟CE认证。公司不断利用技术、管理、质量上的优势，以高性价比的产品获得国内外客户的一致好评，其中混合式步进电机产量位居中国第二位、全球第五位。

定子清洗 效率倍增

电机的定子毛坯做好后要经过珩磨机加工内孔，加工后会有毛刺和其他杂物残留在定子内孔里，现有的处理方法是进行手工清除，但是这种方法效率低，且清除不干净，粗糙度达不到要求，降低了产品的质量。为克服现有技术的缺点，急需研制一种自动化、智能化、高精度的可用于定子精加工的设备，以提高步进电机的生产效率和电机质量，降低不良率和维修费用。同时要求该设备也可用于其他类型电机定子的精加工。鉴于上述需求，公司与江苏理工学院开展了产学研合作。

产学研合作重点解决的关键技术问题如下：① 电机控制与齿轮传动系统的设计；② 定子工件自动加工控制系统的设计；③ 气缸控制与花键传动系统的一体化设计；④ 转刷与直刷一体化设计。

具体实施方式如图1-10所示。定子清洗机的工作台面5上设有放置定子4的工位，还设置有气缸7，气缸7通过连杆8与渐开线花键9相连接，渐开线花键9的外侧设有换件套10。连杆8与渐开线花键9连接处设有圆锥滚子轴承1，渐开线花键9的下部设有轴承座3。渐开线花键9的下端连接毛刷6，毛刷6的下端插入定子4内孔的齿内。渐开线花键9上设有皮带轮2，皮带轮2通过皮带15与交流电机11相连接。工作台面的下方设有水箱14，水箱14内设有两相水泵13，水箱14的一侧设有对定子4进行冲淋的连接管12。

工作原理如下：气缸7上下运动，带动连杆8，连杆8与渐开线花键9连接，渐开线花键9再与毛刷6相连，这样就实现了上下直刷，可以把定子4齿内的翻边毛刷刷掉；直刷多次后，交流电机11通电转动，带动皮带轮2转动，皮带轮2带动渐开线花键9使毛刷6转起来，同时气缸7向下运动，实现转刷，与此同时两相水泵13通电冲淋，一个周期结束。

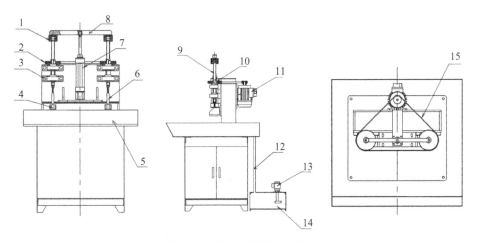

图1-10　定子清洗实施方式图

机器换人　效益显增

公司根据实际需要与江苏理工学院合作研制了"面向步进电机定子用智能精加工设备",主要解决了步进电机生产厂家普遍存在的电机定子精加工人工成本高、加工质量不一导致电机卡死的质量问题。此设备可为步进电机生产厂家大大节约人工成本。另外,此设备还可以有效去除加工的定子毛刺和其他杂物,解决人工操作的不一致性问题,进而避免定子毛刺和其他杂物残留导致的电机卡死问题,节约了返工成本。

此设备的推广使用,提高了电机生产厂家的自动化生产水平。步进电机加工厂家目前多数还是劳动密集型企业,"机器换人"是加快实现企业转型升级的重要途径。一方面,可以缓解当下用工紧张问题;另一方面,可以保证生产质量,提高产品竞争力。从长远来看,这有助于企业降低生产成本,提高企业的综合竞争力。

实施定子清洗项目,公司将拥有自主开发技术,其产业化生产符合国标要求,产品性能达到国际一流、国内领先水平,产品的品质不断提升,公司的核心竞争力进一步增强。公司生产的产品具有先进的结构设计和自控工艺、稳定的产品质量,完全可以与进口产品相媲美。产品的成功研发提升了我国企业的技术开发水平,促进了国内产品的技术进步,带动了国内其他相关产业的发展。该项目产品的规模生产,将带动当地社会经济的发展,形成地区化产业链,提高地区就业率,取得显著的经济效益和社会效益。

智能清洗　立竿见影

面向步进电机定子用智能精加工设备的研制,是公司与江苏理工学院共同组建技术设计团队,依据自有研发技术开发,由运控的生产设备制造而成的,申请并获得了产品专利保护,完全拥有自己的知识产权。目前已经形成拥有自主品牌和专利的、符合我国国情的、具有不同规格和系列的成熟产品。该产品核心技术达到国内领先水平,与传统的手工生产线相比,加工效率提高了2倍,制品合格率达99.3%以上。产品的成功研发和投入市场,可以大大降低我国电机定子清洗的生产成本,有效提升电机装配的一致性,进一步推动我国电机行业的转型升级和快速发展。

【高校】 江苏理工学院创建于1984年,是以工科为主、多学科协调发展、具有鲜明特色的省属普通本科院校,是江苏省首批决策咨询研究基地、全国首批职教师资培训重点建设基地、江苏省职业技术教育科学研究中心、江苏省高等职业教育教师培训中心。目前,学校拥有国家技术转移中心示范机构、江苏省工程(技术研究)中心、江苏省高校重点(建设)实验室等省级以上学科科研平台20个。近5年,学校主持承担了国家科技支撑计划重大项目、国家自然科学基金项目、国家社会科学基金项目等国家和省部级科研项目近500项,承担横向科研课题近1 600项,科研到账经费4.5亿多元。

合力研发解新题

——中铁建电气化局集团轨道交通器材有限公司

【公司】 中铁建电气化局集团轨道交通器材有限公司成立于2008年,位于江苏省常州市武进区高速铁路电气化产业园,总投资3亿元。公司引进世界知名企业德国力倍公司的整套技术,覆盖了高速铁路接触网零部件的所有产品。公司通过了ISO9001、ISO14001、OHSAS18001三大管理体系认证,获得了国家铁路局颁发的铁路牵引供电运输基础设备生产企业许可证,取得了时速200~250千米、300~350千米电气化铁路接触网零部件和H型钢柱的CRCC认证,以及风区和简统化接触网零部件的CRCC认证。截至2021年年底,拥有授权发明专利10项、授权实用新型专利97项。公司先后被评为常州市和江苏省高新技术企业。公司坚持创新,贡献精品,产品质量获得客户一致好评。公司已成功为京九南电气化铁路改造、北京西枢纽、哈大高铁、成渝高铁、兰新高铁、贵广高铁、京石武高铁、宁杭高铁、厦深高铁、盘营高铁、广西沿海客专、大西客专、西宝高铁、成灌铁路、汉宜铁路、宁安铁路、苏州地铁、石家庄地铁、上海地铁、武汉地铁、郑州地铁、成都地铁、苏州有轨电车1号线和2号线、兰新二线、贵广客专、青荣城际铁路、中南部通道、埃塞俄比亚吉布提铁路等多条线路提供产品。

腕臂预配 智能制造

腕臂预配是高铁线路建设过程中十分重要的环节,对预配工艺、尺寸精度、表面质量等要求十分严格,但腕臂预配的自动化和智能化水平发展依然不成熟,主要还是以人工辅助平台和半自动化为主,不能适应快速发展的高铁需求。

常州数控技术研究所（以下简称"研究所"）和中铁建电气化局集团轨道交通器材有限公司开展合作，双方于2017年签订了"智能化接触网腕臂预配中心定制开发"项目，合同额409.5万元，致力于腕臂预配的自动化和智能化生产线研究工作。开发出的预配中心是一条智能化和自动化程度高的柔性生产线，可以直接将腕臂预配数据导入工控机。工控机可以选择算法进行套料，并实现腕臂预配工艺智能规划，形成生产任务下发到控制器进行加工。生产线具备12米铝合金管自动翻料上料，自动定长锯切，自动去除毛刺和钻孔，自动喷涂条形码、汉字标志码和其他辅助定位标志，腕臂零件自动抓取上料，根据设定扭矩自动紧固螺栓，自动下料等功能。腕臂零件具有全过程可追溯性，加工过程的预配数据和生产信息均能被记录到数据库，也可以被上传到云端进行管理操作。该项目双方共同申请了3项发明和1项实用新型专利，主要服务于高铁项目。该生产线目前在汉十高铁项目部使用，其自动导入和导出腕臂数据、自动套料算法、自动工艺流程、自动恒扭矩拧螺丝、自动上料和穿管等功能，得到了中铁建及汉十高铁项目部的高度认可。

共进共退　腕臂相连

通过双方的共同努力，智能化接触网腕臂预配中心主要定位于智能制造领域，服务于高铁项目，其自动化和智能化水平达到了国内领先水平，不仅提高了生产效率，而且节约了人工成本，减轻了劳动强度，提高了预配准确度和精度，减少了人为失误。

智能化接触网腕臂预配中心可以解决劳动力成本高、生产周期紧张时人力不足、劳动强度大等问题。由于施工现场大多是在偏远地区，劳动力稀少、劳动强度大导致劳动力成本极高。在正常情况下，每个班次至少要有5个小组，每个小组配备至少4人，但生产周期紧张时，根本无法满足生产需求。而预配中心最多需要2个人操作。腕臂预配质量不合格，会造成极大的浪费。腕臂预配所使用的原材料是铝合金腕臂管，腕臂零件是高压铸造的铝合金件，生产成本极高，装配不合格将无法重复利用，人工装配很难保证合格率。预配中心所有的预配数据都是自动导入的，自动生成工艺流程和自动装配，成品率高，基本没有浪费。

人工预配劳动强度大，工人需要休息或休假，在生产周期紧张时工人不够用，如果耽误货期，损失不可估量。预配中心在运转良好的情况下，不需要休息，可以 24 小时不间断工作。中铁建电气化局集团轨道交通器材有限公司根据预配中心的生产效率可以计算产量，有计划地安排生产任务。若 1 个工人每月工资按照 8 000 元计，一个班次每月至少可以减少成本 16 万元。《铁路"十四五"发展规划》提出，到 2025 年，全国铁路营业里程将达到 17 万千米左右，铁路基本覆盖城区人口 20 万以上的城市，高铁覆盖 98% 城区人口 50 万以上的城市。可见，高铁建设必须在保证质量的前提下争分夺秒，提高建设装备的自动化和智能化势在必行，智能化腕臂预配中心之类的设备定是供不应求。

智能化接触网腕臂预配中心解放了劳动力。从操作人员和管理人员的角度看，设备具有良好的操作界面，以操作者为中心，满足人性化需求，使用起来十分方便，管理起来省时省力。智能化接触网腕臂预配中心是一条自动化生产线，是与高铁建设装备的结合，提高了装备的自动化水平，符合我国工业发展的方向。

智能升级　业绩升值

经过近十年的发展，研究所根据市场需要及企业对人才与技术的需求，在保持传统服务模式的基础上，不断进行技术和管理创新，从人才激励、项目投入、成果转化、企业孵化等方面进行创新，致力于建立新型的产学研合作模式。

首先，研究所建立了运动控制实验室，为长三角地区数控智能装备制造企业的技术创新和产业升级提供技术支撑，重点支持中小企业进行产品研究，促进中小企业转型升级，使研发的产品产业化。现在研究所已经为多家企业定制开发了各类运动控制系统，为他们的装备设备提供智能化升级服务。其次，研究所通过在企业建立研究中心，共同为企业解决技术难题，实现共同发展。最后，研究所致力于与企业共同开展自动化设备、生产线的研发工作，企业负责市场，研究所负责技术。

【研究机构】 常州数控技术研究所是由中国科学院沈阳计算技术研究所与常州科教城管委会共同筹建的科技型事业单位，于2007年7月注册成立。常州数控技术研究所主要从事数控与工程技术、先进制造技术、光机电一体化技术，信息技术的研发和科技成果的转化，同时开展数控技术、计算机辅助技术、动漫等技术的培训。

研究所有成套的数控系统、伺服系统、计算机辅助设计与制造等实验和开发环境；有加工中心、数控车床、数控铣床、机器人、柔性数控生产线、快速成型等加工设备。可以开展数控机床、自动生产线、数控设备等产品的开发与制造，可为数控设备的开发和产品的设计加工等提供多方位的服务。研究所有一支专业技术队伍，专门从事数字控制技术的研究、开发、培训及产业化工作，在技术产品创新及工程化、工艺优化、自动化设备的更新换代等方面具有明显的技术优势。目前，常州数控技术研究所针对当前常州市制造、加工等行业的需求，面向机械、电子、计算机和网络、机械加工、航空、航天等行业，已经建立了常州市数控重点实验室、柔性技术实验室、计算机技术应用部、数控培训部，服务领域涉及机床、模具制造、纺织和机械铁路等。

关键技术画新卷

——常州市天龙光电设备有限公司

【公司】 常州市天龙光电设备有限公司是国内专门生产光伏设备炉体部件的最大厂家之一,也是压力容器行业的专业制造商和领军企业。公司成立于2003年,是江苏省科技厅授权的蓝宝石晶体炉智能焊接工程技术研究中心和常州市科技局授权的真空腔体焊接技术研究中心。公司业务范围遍布全国各地,以及韩国、日本、南亚、东南亚、欧美等20多个国家和地区。企业高度重视科技创新和技术研发,不断向高新技术挑战,努力从传统的压力容器制造企业向精度要求更高的半导体、医疗行业发展。针对蓝宝石炉的焊接制造工艺要求高,而国内蓝宝石炉设备与世界先进水平差距较大的现状,常州市天龙光电设备有限公司与南京工业大学机械与动力工程学院共同研发蓝宝石炉智能焊接制造关键技术,希望目标产品达到国际先进水平,并进行规模化生产,实现蓝宝石炉的国产化,提升我国高品质蓝宝石炉生产在国际上的竞争力。

智能控焊 "蓝宝石"登上世界舞台

自2014年7月校企双方签订合作协议以来,双方实施了以下产业化研究任务:基于视觉伺服方法,实现对机器人的焊缝跟踪控制,开发智能化焊接机器人软、硬件系统;建立智能制造操作平台,通过智能制造技术确保晶体炉的密封性、粗糙度、同心度、平行度、垂直度达到项目要求的技术指标,实现产品稳定量产;研发新型蓝宝石炉,使蓝宝石炉的智能焊接制造技术获得突破性进展。

蓝宝石炉　智能焊接

在产学研合作中校企双方结合各自的资源、优势，研发出采用视觉伺服方法进行焊接机器人的焊缝跟踪控制，以实现蓝宝石炉的智能化焊接。该研究涉及视觉传感系统的标定、焊缝图像处理、焊缝跟踪控制器设计、设备机械结构设计等技术。

1. 视觉传感系统的标定

由于视觉信息具有与工件不接触、信息量大、灵敏度和精度高、抗电磁干扰等优点，因此可以利用视觉传感技术来获取焊缝的特征信息，同时进行焊缝跟踪和焊接质量控制。在焊接过程中，传感器具有重要的作用。视觉传感器分为被动视觉传感器和主动视觉传感器。被动视觉传感器直接使用电弧光照亮焊缝和熔池区域。主动视觉传感器将辅助光源作为成像光源，通常选择单波长、相干性好、不受外界干扰的激光作为辅助光源。在项目初期，基于高校实验室的手眼机器人基础技术，并考虑到技术开发成本低，选择了弧光作为光源。但是后续研究发现，在一些非结构化焊接中，由于各种干扰因素的存在，焊后检测偏差大，不能满足蓝宝石炉的精度要求，于是项目改用激光作为光源，并设计了相应的图像处理算法，跟踪效果良好，算法鲁棒性高，为产品最终投入生产打下了坚实的基础。

2. 焊缝图像处理

除了视觉传感系统外，一套高效的图像处理系统也是必不可少的。为服务于激光视觉传感器图像处理，该项目课题组研发了一种基于过程中特征点的提取方法，进行焊缝图像特征点提取。这不仅可以使焊缝识别系统具有很强的鲁棒性和对环境的抗干扰能力，而且简化了特征点提取的计算量和复杂程度，从而提高了焊缝识别的实时性，对保证焊接质量具有一定的意义。

3. 焊缝跟踪控制器设计

该项目课题组研发了焊缝跟踪控制的实时修正技术，事先设定一个基准点的跟踪系统，整个焊接跟踪过程都能在图像上被直观地反映出来，利用焊接传感器提供的量化信息实时控制焊接过程，从而得到稳定而理想的焊接质量。该项目课题组根据不同的需求,采用比例控制与模糊控制相结合的控制方法,提高了系统的控制效率,最大程度地兼顾了系统的响应速度和控制精度。

4. 设备机械结构设计

该项目课题组通过对蓝宝石炉晶体生长室的炉筒、真空管道、炉盖等部件的机械性能、焊接性能、工艺步骤的系统研究,研发出了高洁净、高真空,且能够稳定、高效生产优良蓝宝石晶体的晶体生长室,为蓝宝石炉的智能设计和制造打下了良好的基础。为了确保晶体炉密封良好并保持炉内温度的一致性,便于维修,延长使用寿命,节约能耗,提高保温效果和晶体成品率,该项目课题组还进行了蓝宝石炉的一系列结构研究,致力于节约企业成本、提高生产效率和产品质量。

知识为基　成果转化

随着产学研合作的深入推进,该项目课题组共申请国家发明专利 4 项、实用新型专利 5 项(表1-1)。

表1-1　产学研合作专利情况一览表

专利名称	专利申请号	专利类型
一种焊接机器人焊缝自动追踪系统	20160010179.8	发明专利
一种基于激光视觉传感器焊缝图像特征点的提取方法	201610017601.2	发明专利
一种利用多自由度机器人的3D打印焊接方法	201510427361.9	发明专利
一种焊枪以及使用该种焊枪的机器人焊接系统	201510652171.7	发明专利
蓝宝石炉抽真空管道	ZL201520177422.6	实用新型
蓝宝石炉大炉盖	ZL201520177120.9	实用新型
一种单晶炉炉体	201620920990.5	实用新型
一种单晶炉炉门	201620920989.2	实用新型
一种开门炉	201620920387.7	实用新型

合作项目实际新增投资额 3 299.32 万元,获得江苏省科技成果转化专项资金 300 万元,全部用于项目的研发与产业化发展。新建 2 000 平方米厂房(图 1-11),建成蓝宝石炉生产线 2 条(图 1-12),形成年产 800 套的生产能力。新增定梁龙门五面加工中心等生产设备 20 台(套),新增机器人操作平台等研发检测设备 5 台(套)(图 1-13)。

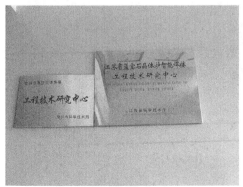 

图 1-11 新建厂房现场

图 1-12 蓝宝石炉生产线

图 1-13　新增设备

常州市天龙光电设备有限公司与南京工业大学的产学研合作不仅为企业解决了技术难题，共同研发取得了一批技术成果，而且成功实现了研发成果的转化和技术的产业化。另外，通过产学研项目的实施，共同培养硬件设计、软件设计、结构设计、质量控制、生产管理、市场开拓、产品应用等各类专业人才40余人，其中博士4人、硕士6人、本科生15人，极大地提升了企业的管理和创新能力。

【高校】 南京工业大学是江苏省重点建设高校，具有雄厚的科研实力。设有材料化学工程国家重点实验室、国家柔性电子材料与器件国际联合研究中心、国家生化工程技术研究中心、国家特种分离膜工程技术研究中心、国家热管技术研究推广中心、国家大学科技园、江苏先进生物与化学制造协同创新中心等国家级科研平台7个，省部级研究中心33个，省部级重点实验室27个。学校重视科学研究成果转化，主动将创新链对接产业链，推动产学研深入合作。"十三五"以来，承担了包括国家重点研发计划项目、国家科技支撑计划项目、国家自然科学基金项目在内的各级各类课题万余项，科技经费近40亿元，取得了一批高水平研究成果，为相关行业、江苏地方经济建设和社会发展作出了积极贡献。

机械与动力工程学院拥有国家热管技术推广中心以及江苏省过程强化与新

能源装备技术重点实验室、江苏省工业装备数字制造及控制技术重点实验室、江苏省流程工业节能环保技术与装备工程实验室、江苏省极端承压装备设计与制造重点实验室、中石化南京设备失效分析与预防研究中心、中石化工程风险分析技术研究中心等省部级研究基地7个。

产品换代展新颜

——江苏德春电力科技股份有限公司

【公司】 江苏德春电力科技股份有限公司建于1999年,主要生产负荷开关、环网柜、电缆分接箱、开闭所等产品,销售服务网络已经覆盖国内所有地区,且产品已经销往印度、俄罗斯等国家,市场营销团队实力雄厚。公司始终以高新技术产品作为企业的先导,研发新产品,打造新品牌,不断提升产品的技术含量和市场占有率。2008年,公司被评为"江苏省高新技术企业"、科技成长型企业及科技创新企业,有多种产品入选国家火炬计划项目。2012年,公司被批准为"国家重点高新技术企业",拥有授权专利52项,其中发明专利12项。公司始终遵循"超越自我、科技创新"的理念,通过了ISO9001、ISO2000质量认证,CQC产品认证。公司拥有先进的产品研发中心,加工中心,试验中心和冲压、点焊、装配、调试、包装等车间,配备国际先进的精密自动化生产设备。

智能传感 窥探真相

项目团队利用压力和位移传感器解决断路器机械特性的在线监测问题,采用压力传感器获得断路器刚分和刚合点,进而实现断路器开距和超行程的在线测量,并根据测量数据绘制位移与时间动态关系曲线。开关设备触头和母排在线接触测温,重点解决较宽电流范围(30~5 000 A)情况下利用CT取电获得稳定的工作电压,以保证监测设备的无线通信系统安全可靠地工作。利用ANSYS仿真软件对智能化、模块化、集成型固体绝缘开关设备在线监测传感器与整机进行一体化设计,解决在强电场和强磁场环境下整机绝缘问题,即保证监测装置安全可靠地工作，同时保证在安装监测装置后，开关设备本体绝缘性能和耐压水平不改变。

除了考虑引起故障的共性因素外，还要进一步明确导致开关故障的一些重要的不确定因素，从而构建完善且实用的分析体系。根据开关故障影响因素的影响力大小，基于突变理论，构建科学的模糊综合评判数学模型，确定模糊算法中合理的专家权重，构建合理的权重集。基于历史数据、检修数据和交叉混合推理的专家决策机制，综合考虑绝缘寿命评估、电气寿命评估和机械寿命评估，建立开关设备寿命评估专家系统。

项目在实施过程中产生了一批核心技术专利（表1-2），为产品的研发生产起到了支撑作用。

表1-2 核心技术专利情况一览表

专利号	专利名称	专利作用
ZL201010572053.2	断路器开关	模块化集成型开关单元中的核心部件，通过模块组合，满足开关设备的不同功能要求
ZL201010572062.1	静触头的制备工艺	保障模块化集成型断路器触头制造工艺质量的核心技术，提高触头制造质量
ZL201010518301.5	负荷开关上壳体模具	保障模块化集成型负荷开关制造工艺质量的核心技术，提高负荷开关制造质量
ZL201310452779.6	三工位隔离开关	解决开关设备小型化设计的关键技术
ZL201410755920.4	集成于模块化智能电网的开关柜	智能化模块化集成型开关单元中的核心部件
ZL201410759254.1	智能电网模块化断路器设备	智能化模块化集成型开关单元中的核心部件
ZL201310454230.0	组合开关	模块化集成型开关单元中的核心部件
ZL201320606914.3	三工位隔离断路器	取消主回路电器元件的连接支母线，解决接地开关短路关合试验问题
ZL201420779748.1	集成于模块化智能电网的开关柜柜体	智能化模块化集成型开关单元中的核心部件
ZL201420780041.2	集成于模块化智能电网的三工位隔离断路器	取消主回路电器元件的连接支母线，解决接地开关短路关合试验问题

续表

专利号	专利名称	专利作用
ZL201420780010.7	应用于智能电网中的组合断路器设备	智能化模块化集成型开关单元中的核心部件
ZL201320608947.1	隔离开关	模块化集成型开关单元中的核心部件,通过模块组合,满足开关设备的不同功能要求
ZL201320607630.6	开关操作机构	模块化集成型开关单元中的核心部件,对隔离开关和断路器操作机构进行配合使用,以提高开关单元模块组合性能

步步为营　稳打稳进

江苏德春电力科技股份有限公司与河海大学的产学研合作可分为三个阶段。

第一阶段主要完成了以下研发工作：① 完成基于磁饱和取电技术开关触头和母排温升在线监测传感器的研制；② 断路器机械特性开距和超程在线监测传感器的研制与开关单元模块的三维模型设计；③ 智能化产品综合检测平台总体设计。

第二阶段主要完成了以下研发工作：① 完成开关设备智能化在线监测传感器与整机一体化仿真软件开发；② 完成开关设备寿命智能评估系统设计；③ 完成智能化模块集成中压固体绝缘开关设备功能拓展设计,开关设备试验、检测及生产线关键设备设计,实现产品系列化开发。

第三阶段完成了产业化技术研究的延伸工作,主要包括：① 完成 10 000 平方米厂房土建及产业化生产线的安装与调试；② 新增工频局部放电检测装置、冲击电压发生器、X 射线探伤设备、光谱仪、VS1 断路器测试设备等 5 台（套）,智能组件测试平台、多功能电磁兼容测试系统、多功能继电保护测试系统、三相仪表校验装置、智能化产品综合检测平台、环氧树脂压铸机、激光切割机、数控冲床等设备及生产流水线 1 条；③ 健全工序质量控制和全过程质量检测、试验的质量保证体系,产业化的程序管理体系,原、辅材料的优质供应体系,环境保护和安全生产的保证体系,员工的教育培训体系。

展望未来　智能先行

输配电装备制造作为常州市乃至江苏省的支柱产业，每年有数百亿的产值，并为数十万人提供就业机会。但是，输配电装备制造若要进一步做强做大则面临着严重的技术瓶颈，特别是国家"坚强智能电网"发展规划的实施，对电力设备运行及故障状态监测、分析、解决、预防和资产全寿命周期管理的智能化提出了更高的要求，这同时也为江苏省输配电装备制造行业的产品升级换代提供了千载难逢的机遇。江苏德春电力科技股份有限公司作为一家新三板上市企业，不断加大研发力度，与河海大学深入合作，将在今后的产品研发中朝着智能化的方向发展。

【高校】　河海大学是一所拥有百余年办学历史，以水利为特色，以工科为主，多学科协调发展的教育部直属全国重点大学。学校总部设在南京，在常州市设有校区。河海大学常州校区设有机电工程学院、物联网工程学院、企业管理学院和基础学部。常州校区充分依托河海大学的整体办学优势，坚持与学校协同、与水利协同、与地方协同，全面推进科研能力持续提升。目前，常州校区拥有3个省部级科研平台，其中江苏省输配电装备技术重点实验室实现了常州市及江苏省重点实验室零的突破。河海大学常州校区作为本地高校，熟悉当地产业特色，其输配电装备技术重点实验室又与江苏德春电力科技股份有限公司的主要生产项目高度契合，因此，校企一直保持着紧密的合作关系。自2014年开始，河海大海常州校区与江苏德春电力科技股份有限共同开发智能化模块集成型中压固体绝缘开关设备研发与产业化项目，取得了丰硕的科技成果。

创新工艺出新彩

——常州吉恩药业有限公司

【公司】 常州吉恩药业有限公司（原常州吉恩化工有限公司），是一家以技术创新为动力、服务全球制药市场的中外合资企业。公司成立于2006年，坐落在江苏省常州市新北区滨江经济开发区，临近沪宁高速、京沪高铁和常州港。公司注册资本2亿元，现占地198亩[①]。公司拥有格氏反应、光气化反应、选择性氰化反应等核心技术，以及使用金属钠、金属钾的专利技术和成熟经验。公司主要研发、生产和销售碱金属醇盐、氨基酸保护剂、保护氨基酸等抗癌、抗病毒药物的中间体，以及世界生物制药前沿的多肽化合物关键中间体。碱金属醇盐、氨基酸保护剂、保护氨基酸产能居世界前列，全球市场占有率达50%以上，在中国的市场占有率达70%以上。除了占据国内高端市场外，其产品还出口到美国、欧洲、日本、韩国、印度等地。

公司为省级高新技术企业、省级专精特新"小巨人"企业，被评为"江苏省民营科技企业"、江苏省工业企业信用等级AAA。

互信互助　合作研发

常州吉恩药业有限公司与南京师范大学常州创新发展研究院的合作项目是"碱金属醇盐生产工艺条件优化设计及系列产品开发"。该项目采用数值模拟和实验研究的方法，提出了碱金属醇盐生产工艺优化设计方案，设计出新型高效碱金属醇盐合成反应釜；研发了高效溶剂循环利用技术，提高了碱金属醇盐

---

① 中国市制土地面积单位，1亩约等于666.67平方米。

生产中溶剂的回收利用率；开发了后续产品的小试生产工艺方案。南京师范大学常州创新发展研究院与常州吉恩药业有限公司有深厚的产学研合作基础。2009年，南京师范大学与常州吉恩药业有限公司开始产学研合作，双方共同开展了多个课题的研究，先后获得江苏省科技厅项目3项、江苏省经济和信息化委员会项目1项、常州市科技项目3项、常州市经济和信息化委员会项目1项、新申请发明专利8项、新授权专利3项，参与起草行业标准3项。其中，"颗粒状碱金属醇盐系列产品合成新工艺"项目荣获2014年度中国石油和化学工业联合会科技进步奖二等奖。2014年，校企双方共建江苏省研究生工作站，经江苏省教育厅、科技厅批准后，已联合培养了硕士研究生多名。2018年，该研究生工作站获评江苏省优秀研究生工作站。双方合作期间，南京师范大学唐亚文教授被聘为常州吉恩药业有限公司科技副总经理，常州吉恩药业总裁王玉琴获得江苏省企业教授等荣誉。

创新工艺　绿色环保

传统的碱金属醇盐产品为固体粉末状物质，腐蚀性强、吸湿性强、易燃易爆。这些特点对该类产品生产、储存、运输各环节的安全性造成巨大威胁，大大限制了该类产品的生产和应用。自2010年开始，常州吉恩药业有限公司通过自主研发，与南京师范大学开展产学研合作等，突破了颗粒状碱金属醇盐合成、生产的关键技术，首次提出了采用釜式反应器生产颗粒状叔丁醇钾、叔丁醇钠、叔戊醇钾、叔戊醇钠等系列碱金属醇盐的工艺，获得了多项发明专利及实用新型专利授权，并实现了颗粒状碱金属醇盐的工业化生产，成功解决了以往粉末状碱金属醇盐在生产、储存、运输中的安全和环保问题。

尽管颗粒状碱金属醇盐已实现工业化生产，但生产装置和工艺过程依然存在不少问题。在反应后期对碱金属醇盐料液进行蒸发浓缩时，由于反应体系黏度不断增加，尤其是到后期大量生成粉末，导致搅拌功率升高，耗电量大。另外，反应体系黏度增大使搅拌装置的扭矩也大幅增加，导致搅拌器发生变形甚至损坏。这些问题使得生产过程的能耗升高、设备成本增加，同时也影响企业产能的进一步扩大。

为了更好地提高工业生产效率，需要对颗粒状碱金属醇盐的生产工艺进行优化，但由于该生产工艺涉及金属钠等高危原料，而且反应时间较长（10 小时以上），进行大量的实验研究风险大、成本高。同时反应釜内的碱金属、醇溶液、催化剂、辅料及产物碱金属醇盐固体形成了复杂的多相体系，由于对碱金属醇盐生产工艺中多相复杂体系的流动和混合机理认识不足，导致反应器的设计和放大不合理。该项目在常州吉恩药业有限公司的现有碱金属醇盐生产工艺的基础上，采用 CFD 模拟计算技术并结合实验研究，提出工艺及设备优化设计方案，以提高该产品的生产效率。

碱金属醇盐反应产生的废溶剂，先通过常压精馏蒸出叔丁醇回用，再通过减压特种精馏分离出体系中的重芳烃惰性溶剂回用（图 1-14），但该方法的废溶剂回收效率不高。该项目采用模拟计算并结合实验的研究方法，考察萃取精馏溶剂种类、溶剂比、回流比等因素对溶剂回收效率的影响，确定了最佳的工艺条件，提高了溶剂回收率。

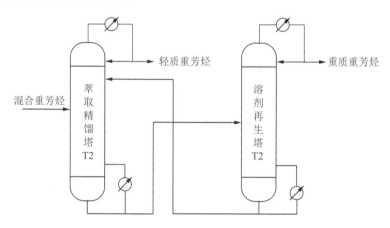

图 1-14　混合重芳烃分离回用工艺

Fmoc-O-Pbf-L-精氨酸是碱金属醇盐的后续产品之一。该产品传统的制备工艺是以 Cu^{2+} 为络合试剂对赖氨酸 alpha-氨基和羧基进行保护，然后加入 Boc 酸酐对 epsilon-氨基进行选择性保护，最后用硫化钠等脱铜试剂除去铜，再利用 Fmoc-OSU 对 alpha-氨基进行保护，得到所需产品。但是，传统脱铜试剂硫化钠脱铜时会产生刺激性有毒气体，给安全和环保生产造成较大压力。该项目设计的绿色合成路线避免了使用脱铜试剂，而是将低毒物质作为原料，采用萃取、汽化渗透膜连续精馏等对工艺回收生产过程进行创新，确保全过程绿色环保。

突破极限　效率显增

通过该项目的实施，碱金属醇盐生产装置单釜生产周期从原先的 8 小时降低到 6.5 小时，碱金属醇盐合成能耗降低 20%；建成碱金属醇盐新型合成中试装置 1 套，生产能力为每年 500 吨；碱金属醇盐生产过程中溶剂回收率达到 99%；Fmoc-O-Pbf-L-精氨酸纯度高于 99%，且合成过程中无有毒气体排放。自项目实施以来，企业累计新增产值近两亿元。

反应器的放大一直都是化工生产的主要难题。传统的方法是采用经验试验方法即逐级放大，这样会导致生产成本高、周期长、回收率低，对于涉及危险化学品的反应装置还会增加安全隐患。随着计算科学的发展，采用模型与模拟的方法逐渐成为解决反应器放大问题的有效手段之一。该项目采用数值模拟与优化设计相结合的方法，以数值模拟作为理论基础，指导反应器的设计与放大，不仅解决了碱金属醇盐合成装置的放大，提高了其生产效率，同时也为其他高危化学反应装置的设计、放大提供了可借鉴的方案。

【高校】　南京师范大学常州创新发展研究院是南京师范大学在常州市注册的事业法人单位，是常州高新区和南京师范大学本着"资源共享、优势互补、协同创新、互利互惠、共同发展"的基本原则共建的产学研合作平台。研究院成立于 2016 年，2018 年获评江苏省省级科技企业孵化器。研究院依托南京师范大学的人才和科技优势，以技术创新、成果转化、高新技术企业孵化和高技术人才培养为宗旨，推动南京师范大学与常州国家高新区在科技、人才等领域全面合作，努力成为常州市重要的开放型科技创新平台和高新技术企业孵化器。

产学育智谱新曲
——汉得利（常州）电子股份有限公司

【公司】 汉得利（常州）电子股份有限公司成立于2002年，是一家集研发、生产、销售于一体的高新技术企业，位于常州国家高新区黄河西路199号。公司注册资本3 750万元，占地25 000平方米。公司主要生产经营微电声器件、汽车讯号器等电声产品。目前产品共有5大类40余个品种，被广泛应用于车载设备、医疗、安防、工业控制及消费类电子产品等领域。公司凭借产品的多样性、高性价比获得国内外客户青睐。公司在中国、德国、美国及东南亚国家设有市场和研发中心。公司现已成为汽车与汽车电子零部件及系统研发制造商德尔福的研发中心、德国博世的合格供应商、西门子的一级合作伙伴，并为宝马、奔驰、法拉利、奥迪、特斯拉等多款高端车型生产配套产品，为雷蛇、惠普及鼎为设计多款配套的微型扬声器。公司还广泛与自动化测试、节能环保、工业控制系统、医疗等行业领域的企业进行合作。

目标明确　互助创新

汉得利（常州）电子股份有限公司与南京航空航天大学产学研合作项目的研发目标如下：① 实现纯银烧结，将烧结温度降低10~15 ℃；② 将产品灵敏度提高至3分贝以上；③ 将产品成本降低5%；④ 将产品能耗降低10%。该项目的主要技术内容如下：① 进一步深化压电陶瓷配方的研制，使烧结温度再降低10 ℃左右，减少电极材料的玻璃相比例，制备出更高性能的压电陶瓷材料；② 通过对研磨、流延、丝印等工艺的优化，提高目标产品的一致性与连续性，增强粉体活性，降低粒度，提高粒度分布率，并在此基础上将烧结温度降低 5 ℃左右；③ 通过第三相掺杂，在保证匹配材料的声阻抗不变的前提下，提高材料抗裂强度；④ 优化超声波匹配层复合材料的制备工艺，研发成本更低的模具成型技术来替代现有的机械精加工，使该部件的成本再降低 50%；⑤ 通过对丝印、叠层工艺的优化，以及对烧结设备的改进，使堆叠层数由原有的 11~30 层增加到 30 层以上，进一步将产品的灵敏度提高 3 分贝以上；⑥ 研究模拟仿真系统，开发出模拟软件用于分析陶瓷和匹配材料的尺寸、陶瓷层的层数、压电陶瓷相关参数等对产品灵敏度的影响；⑦ 研究大批量的连续生产工艺及关键设备，通过对工艺的优化和设备的改进，使生产线一次直通率达到 99%，为中试到批量生产的成功转移、适合多品种的柔性化制造新工艺提供技术保证。

在和南京航空航天大学（以下简称"南航"）合作的过程中，公司依据项目的研究内容，以南航的科研优势，分解研究课题，并成立 5 个课题研究小组，确立资深科研人员为课题负责人，围绕项目的总体研究内容，发挥群体创新能力。在项目研发过程中，作为主要的研发承担单位，汉得利（常州）电子股份有限公司与合作单位始终保持紧密的联系，建立了常态化的合作网络，加强项目研发的透明度，及时解决研发过程中的问题。同时，通过把握项目的总体研发动态，对项目的研发起到督促作用。汉得利（常州）电子股份有限公司作为项目的承担单位，主体作用明显，并积极发挥了合作方的技术优势，实现了既有合作，又有引导，互利互信的运行机制。目前，该产品运行情况良好，受到了用户的一致好评。

公司在与南航进行技术研发的同时，也加强与该校合作培养学生，实施了"五位一体"联合培养模式。"五位一体"即指学生的学习、研究、实践、创新和就业 5 个环节的一体化。公司通过给学生提供实践实训基地，为即将毕业的学生提供实习实践机会，不仅可以让学生了解企业，还为企业的产学研合作源源不断地输送人才。

产研兼具　攻克难关

双方进行产学研合作需要攻克的难题是对压电陶瓷配方进行进一步深化研

制，使烧结温度再降低 10 ℃左右，减少电极材料的玻璃相比例，制备出更高性能的压电陶瓷材料。

（1）汉得利（常州）电子股份有限公司在南航现有专利"一种压电陶瓷纤维复合材料及其制备方法"的基础上，对新型压电陶瓷的配方进行进一步研制，对原材料进行二次加工，优化原粒径的大小及分布，提高合成 PZT（锆钛酸铅压电陶瓷）时的活性；在原有配方的基础上进一步研究 Pb 铅过量的比例及 B 位离子缺位的效应，选用 PNN（铌镍酸铅）+PMN（铌镁酸铅）作为性能改进相，研究 ABO_3 相的性能改进及对烧结温度降低的作用。另外，在预烧过程中，通过研究掺杂容易在低温条件下产生液相而对性能影响不大的玻璃相，促使后续烧结过程中晶粒的生长，使烧结温度再降低 15~20 ℃。通过温度的降低来减少电极材料的玻璃相比例，制备出更高性能的压电陶瓷材料，使产品压电常数稳定在一定数值以上，达到国际领先水平。

（2）优化超声波匹配层复合材料的制备工艺，研发以成本更低的模具成型技术替代现有的机械精加工，使该部件的成本再降低 50%。在中试生产采用机械精密加工方式制作匹配层材料，该工艺虽然加工精度高，但效率较低，且在切屑过程中浪费大量材料，导致该部件生产成本较高。未来研发团队将研究采用模具注塑工艺，该工艺的优势是成本低、效率高，但一次性模具投资较大，更适合批量生产工艺。

（3）研究大批量的连续生产工艺及关键设备，重点研究烧结周转工艺、"流延+"等静压工艺、焊接工艺、测试与包装工艺等，以自动化或半自动化生产为目标，并制定工艺技术路线，使各工序之间的流转无缝连接；通过工艺优化和设备改进，使产线一次直通率达到 99%，减少浪费，降低成本，为中试到批量生产的成功转移、适合多品种的柔性化制造新工艺提供技术保证。

（4）完善项目产品的研发实验设施，升级实验室设备，提升实验室水平，将实验室建成集压电陶瓷制作、材料关键性能测试、传感器装配与测试、环境寿命实验于一体的综合性实验室，新引进技术研发人员 20 名（其中一半以上为研究生以上学历），打造一支国内领先、国际先进的高水平研发及技术团队。

教人育才　硕果累累

通过产学研合作促进了项目的顺利开展，整合了双方优势力量，加快了企业新产品开发，极大地降低了产品研发的成本和创新研制的周期。该项目产品研发成果消除了国内传统传感器的弊端，打破了国外产品技术和价格垄断，三年销售额达到2亿万元。同时，也带动了150人就业，并促进了产业结构的转型升级。

公司通过与南航产学研合作，为社会培养了一批高、精、尖的压电陶瓷技术专家，并形成了一批具有巨大价值的知识产权，最终获得了良好的经济效益。同时，在校的学生通过参与该项目，可以获得良好的参与技术研发的机会与研究环境，尽快适应社会工作环境，为毕业后工作打下坚实的基础。

【高校】　南京航空航天大学创建于1952年10月，是我国自己创办的第一批航空高等院校之一。1978年，被国务院确定为全国重点大学；1981年，经国务院批准成为全国首批具有博士学位授予权的高校；1996年，进入国家"211工程"建设高校；2000年，经教育部批准设立研究生院；2011年，成为"985工程优势学科创新平台"重点建设高校；2017年，进入国家"双一流"建设序列，现有航空宇航科学与技术、力学、控制科学与工程3个学科入选第二轮"一流学科"建设名单。目前，学校已发展成为一所以工为主，理工结合，工、理、经、管、文等多学科协调发展，具有航空航天民航特色的高水平研究型大学。

第二篇 模式创新促升级

携手高校育先机

——江苏优埃唯智能科技有限公司

【公司】 江苏优埃唯智能科技有限公司成立于2015年3月。公司聚焦于无人机自主研发、机器人集成应用、软硬件开发、无人机教育培训、机器人教育培训及电子工程智能化，是一家集研发、应用、培训于一体的高新技术企业。现已成为常州电工协会常务理事单位、常州市航空航海车辆模型运动协会副会长单位，先后通过ISO9001：2015质量管理体系和ISO14001：2015环境管理体系认证。公司设有无人机工作站、河海大学硕士生工作站、常州市科普教育基地及武进区高精度无人机应用系统工程技术研究中心。公司与常州工学院共建市级智能感知和无人机应用技术研究重点实验室，并与国内十多所高校建立了产学研协作关系。公司是航天国际人才交流中心合作方，并成为2018年江苏省重点研发计划（产业前瞻与共性关键技术）"基于仿生立体视觉的输电线路无人机智能巡检系统"项目的承担单位。公司的产品有系留无人机（可全天候滞空）、垂直起降固定翼、警用侦察机、农业植保机等。产品被广泛应用于通信中继、应急救援、农业值保、穿越赛事及科普教育等领域。

实验实训　　惠泽学生

江苏优埃唯智能科技有限公司是常州工学院杰出校友郑欣经营的企业。2016年，随着无人机应用领域不断扩大，企业遇到了新挑战。将无人机用于太阳能电站维护，迫切需要解决非接触远程电站故障识别和检测、太阳能板清洗等问题。怀着对母校的深厚感情，郑欣与常州工学院电气与光电工程学院对接，提出希望学院帮他解决难题。电气与光电工程学院项目团队熟悉太阳能光伏技术、图像处理、信号处理、传感技术、机械及计算机技术，在技术应用和工程开发方面具有丰富的实践经验。经过数次交流，双方形成了合作意向，最终签订了"太阳能电站巡检无人机感知系统研发"合同，并投入105万元研发费用，用于该项目的研发。

根据《"十三五"国家科技创新规划》《测绘地理信息事业"十三五"规划》《江苏省国民经济和社会发展第十三个五年规划纲要》《常州市"十三五"十大产业链发展规划》等文件，合作双方结合国家和地方政府发展战略，立足于智能感知技术研究，结合无人机技术的发展，以实现前沿技术产业化、培养相关专业人才和促进行业发展为目标，逐步形成了目标定位与信息实时采集、多源遥感信息处理与传输、复杂场景下机型优化设计与开发应用3个方向。

在常州市政府、常州市科技局的支持下，常州工学院与江苏优埃唯智能科技有限公司联合申报常州市智能感知与无人机应用技术研究重点实验室，于2017年10月在常州获得批准并成立。

重点实验室成立以后，按照《常州市高技术研究重点实验室管理方法》要求，成立了学术委员会，并在常州工学院电气与光电工程学院召开了学术委员会会议暨实验室发展研讨会（图2-1）。会议审议和讨论了实验室建设目标、

图 2-1　学术委员会会议暨实验室发展研讨会

任务、研究方向及发展规划。结合专家的意见，最终确定以智能感知技术和无人机产品应用研究为重点，针对学科前沿和产业发展的重大科技问题开展创新性研究，获取原始创新成果和自主知识产权，培育产业技术源，接受企业的委托开展研究，加强实验室成果的应用与转化，为产业技术创新、社会发展提供技术服务。

基于重点实验室平台，项目组开展了无人机光伏电站检测方法研究、海防无人机遥感图像自适应去云雾处理算法研究、无人机用动力锂电池一致性检测技术研究，取得了阶段性成果。

根据实验室建设部署，常州工学院成立了无人机协会，定期组织学生参观无人机企业（图2-2），学习无人机知识，参加无人机培训（图2-3）、试飞，培养学生的学习兴趣。江苏优埃唯智能科技有限公司定期为无人机协会的学生提供培训和训练，共同推进产教融合。

图 2-2　无人机协会组织学生参观 UAV 无人机

图 2-3 UAV 无人机协会为学生提供培训

在前期合作的基础上,江苏优埃唯智能科技有限公司与常州工学院电气与光电工程学院再一次进行产学研对接活动,双方就产学研合作、实验室建设、专业建设、学生工程实践能力培养、教师培训等方面进行了深度的多领域合作,达成了共建机器人实验室的意愿(图 2-4)。

图 2-4 共建机器人实验室促进会

精准定位　实时采集

1. GPS/INS 导航定位系统与 MEMS 传感器和微控制器技术研发

无人机定位系统常存在精度低、体积大、可靠性不高的问题。由于高空条件下自然条件复杂多变、搭载平台不稳定，采集到的信息易受噪声干扰，偏差大，数据采集的实时性、准确性会受到严重影响。

为解决以上问题，"目标定位与信息实时采集"主要以智能感知技术为研究重点，开发更加先进的 GPS/INS（全球移动通信系统/移动端上的应用软件）组合导航定位技术、MEMS（微机电系统）传感器和微控制器。

（1）GPS/INS 组合导航定位技术。为实现高精度的目标定位，需要解决无人机自身高精度定位和高精度目标定位算法这一关键技术。一方面，研究 GPS/INS 组合导航定位技术，结合倾角传感器、磁传感器、惯性测量传感器和 GPS 传感器，开发新型的高精度、轻量化无人机导航定位系统，以精准确定无人机的位置和飞行姿态。另一方面，研究基于计算机视觉的目标定位技术，实现对被测目标的准确定位。

（2）研究智能传感器，开发集成高性能信息处理技术。通过 MEMS（计算机模拟软件）、SoC（系统级芯片）等技术改造现有的传感器，实现智能传感器的小型化、多功能化，提高有效载荷能力。利用人工智能和信息处理技术，开发具有分析、判断、自适应、自学习能力的传感器，实现信息采集系统智能化。

研制多光谱影像数据采集系统，实现从可见光到近红外光多个波段影像数据的采集。在此基础上，研究利用无人机激光雷达系统，获取精准的目标区域三维立体图像，并将高分辨率相机、控制系统及差分 GPS 系统相结合，组成正射影像系统，提高信息采集精度。

2. 多源遥感信息处理与传输

无人机平台运动速度快，工作环境复杂，实时跟踪目标难度大，而且由不同类型传感器获得的目标特征缺乏有效融合。此外，无人机数据传输功耗大、时延长、可靠性低，会影响无人机信息的有效传输。

针对上述问题，"无人机的多源遥感信息处理与传输"主要研究以图像智能处理技术为核心的信息处理技术和以认知无线电技术为核心的信息传输技术。

（1）以图像智能处理技术为核心的信息处理技术。研究无人机视觉图像预处理、目标提取、目标跟踪、数据融合技术，实现对选定的目标的自动跟踪。充分利用多种来源的信息资源，获得具有较多光谱信息和较高空间分辨率的目标信息，以利于目标的检测、定位和识别。

（2）以认知无线电技术为核心的信息传输技术。无人机进行多源目标检测时，为满足大容量、高速率、低时延和高可靠性的信息传输需求，以及适应5G通信网络环境广空域、超密集、大连接、高动态、多异构的复杂特性，采用认知无线电技术和机器学习理论等方法，研究频谱共享、无线频谱资源智能分配管理策略、干扰消除，以及复杂场景的智能适变和重配置。

复杂场景　机型优化

无人机可以在无人驾驶条件下，完成复杂的空中飞行任务和各种负载任务，被看作空中机器人。但是，它在执行任务过程中易受温度、气压、太阳辐射、地形地貌等自然环境和高度、续航能力等工作条件的影响，并且不同的作业任务对无人机提出了特定的功能需求。

针对上述问题，"复杂场景下机型优化设计与开发应用"主要研究光伏电站检测与清洗、电网巡航检测、边防巡检、农业植保等不同场景下的机型优化设计与开发应用。

（1）无人机用于光伏电站检测与清洗的设计开发。无人机在光伏电站的日常巡检中具有成本低、范围大、持续时间长、反馈迅速的优势。开发设计光伏电站检测与清洗无人机，需要考虑温度、气压、太阳辐射等气候条件和自然环境的影响，以及图像像质因高空作业而下降的问题。此外，不能够破坏光伏电站组件和增加组件的压力。

（2）无人机用于电网巡航检测的设计开发。开发应用在电网日常巡检中的无人机产品，使其具备大范围、高续航、自主精准定位的能力，满足地形复杂、网点距离远、巡航地点无移动网络信号的情境需求，解决传统电网巡航维护人员劳动强度大、工作条件艰苦、交通不便利、准确性低等问题。

（3）无人机用于边防巡检的设计开发。边防的自然环境异常恶劣、条件艰苦，遇到紧急情况需要及时反馈。设计开发应用在边防巡检的无人机产品，使其具备抗干扰、与地面实时无缝连接的能力，对边防巡逻区域进行有效巡检。

合作双方充分发挥各自优势，提高研发效率。结合企业的无人机设计优势和常州工学院的高校科技攻关优势，高效高质量推进项目。共建实验室，推进项目研发。常州市智能感知与无人机应用技术重点实验室是双方共建的重心，也是长期合作的平台，可以进一步拓展合作空间。开展应用培训，服务社会，提高学校和企业知名度。

该项目研究的无人机光伏电站太阳能板故障检测方法，能实时获取检测信息并进行分析，快速给出判断结果，提高了检测效率，节约了运作成本。此外，运用无人机清洗太阳能板，解决了人工清洗费时费力的问题，提高了光伏电站的维护效率和发电效率。

由于无人机在海面上空作业时经常受到大雾的干扰，采集到的图像清晰度不高。通过该项目的研究，将遥感图像去云雾技术应用于海防边检无人机，改善了图像数据的可读性，提高了作业效率。GPS/磁强计组合导航技术为江苏优埃唯智能科技有限公司警用无人侦察机提供高精度导航定位支持，满足侦察机按照规定航线在规定范围内自主作业的需求。

针对无人机用锂电池，该项目团队提出了无人机用动力锂电池电极板涂层的激光测厚方法、动态误差抑制方法和锂电池薄膜缺陷在线检测方法，开发了无人机用锂电池一致性检测设备，提高了无人机用锂电池的成品率，提升了产品品质。

研究成果已被应用于江苏优埃唯智能科技有限公司部分无人机产品，所完成的无人机及其相关附属产品使该公司两年收回成本，新增销售额500万元以上，新增利润300万元以上，新增税收50万元。研究成果荣获2017年度中国商业联合会科学技术奖全国商业科技进步奖二等奖（图2-5）。

图 2-5 "应用于无人机的智能感知和信息处理技术"获
中国商业联合会科学技术奖全国商业科技进步奖二等奖

自 2017 年常州市智能感知与无人机应用技术研究重点实验室获准立项至 2020 年 11 月，在为期 3 年的项目实施周期内，实验室重点围绕目标定位与信息实时采集、多源遥感信息传输与处理、复杂场景下机型优化设计与开发应用 3 个方向开展科学研究、社会服务和人才培养。在建设期内，获批江苏省科技创新团队 1 个，获教育部高等学校科学研究优秀成果奖二等奖 1 项，发表学术论文 103 篇，承担省部级以上科研项目 26 项，企业服务科技研发经费 2 135 万元，圆满完成了研发任务，取得了较好的社会效益与经济效益。

【高校】 常州工学院是一所全日制普通本科高校。学校设有 19 个教学单位、60 个本科专业。学校坚持以人才培养为中心，围绕地方产业发展需求，持续优化专业结构，以一流专业建设为引领，以专业认证为抓手，以产教融合为路径，不断提升专业内涵建设质量。学校是国家"十三五"产教融合发展工程立项高校，拥有国家级大学生校外实践教育基地 1 个，省实验教学与实践教育中心 10 个。现有教育部首批国家现代产业学院 1 个，工信部"专精特新"产业学院 1 个，江苏省重点产业学院 3 个。学校围绕常州"532"发展战略和"新能源之都"建设，深化产教融合，坚持改革创新，精准务实地推进学校事业高质量发展，向着建成一流应用技术大学的目标不断迈进。

整合优势占先手

——常州亚邦制药有限公司

【公司】 常州亚邦制药有限公司是一家集化学原料药和药物制剂的研发、生产和销售为一体的新兴医药公司,也是国家高新技术企业。公司注册资本7 000万元,占地面积8万平方米,建筑面积21 000平方米,拥有符合药品良好生产规范(GMP)要求的4条精烘包生产线、5个合成车间、1个加氢车间、1个化验中心,以及1套污水处理装置和环保设施,绿化占地面积不小于总面积的40%,拥有年产5 000吨原料药及医药中间体的生产能力。

公司产品覆盖生殖健康、心脑血管、呼吸系统等10多个领域,现有原料药批准文号49个,通过药品GMP认证的品种有那氟沙星、普卢利沙星、甲磺酸帕珠沙星、细辛脑、盐酸羟甲唑啉、氯雷他定、苯磺酸氨氯地平、替米沙坦、盐酸小檗碱等32个。公司累计申请国内外发明专利29项,取得发明专利授权18项,其中美国发明专利1项,通过了知识产权管理体系认证(GB/T29490—2013)。公司建有江苏省重点企业机构——江苏省新型喹诺酮类抗感染药物工程技术研究中心、江苏省(亚邦)缓控释药物制剂工程技术研究中心等创新研发平台。公司承担及参与了国家"重大新药创制"项目2项、国家火炬计划项目2项、江苏省科技成果转化项目1项及省市级科技项目多项。

优势互补 药界领先

常州亚邦制药有限公司与中国药科大学在药品制剂研发领域开展了产学研合作,合作内容如下:校方在制剂技术创新的关键理论、人才培养、技术服务等方面发挥特长，企业在制剂生产工艺应用等方面发挥特长；校方为企业提供项目开发、技术支持、技术政策咨询、人才培养等服务；双方按各自分工，完成联合研发中心的建设和相关项目的研发与生产。

根据公司药品研发需要，双方合作开展了盐酸贝西沙星缓释滴眼液的研发。

盐酸贝西沙星最早由美国博士伦公司研发，于2009年5月28日获得美国食品药品监督管理局（FDA）批准，用于治疗细菌性结膜炎。盐酸贝西沙星是最新一代的喹诺酮类抗菌药物，也是第一个专门针对眼部细菌感染研发的药物。除了眼部感染外，该药对全身其他系统、器官的感染没有治疗作用。与已上市的同类喹诺酮类眼用制剂相比，盐酸贝西沙星具有抗菌谱广、抑菌功效强、耐药性强等诸多优点，对于易引发结膜炎的G+和G-菌、厌氧菌具有良好的抗菌效果，尤其是对环丙沙星、左氧氟沙星耐药的菌种也具有较好的抗菌活性。鉴于其在临床上的独特药理特点及临床药效上无可比拟的优势，该药成为历史上唯一获得FDA评审专家一致认可而全票通过评审的氟喹诺酮药物。

滴眼液在眼部给药后，药物须被角膜或结膜吸收，向眼内组织转移，发挥药效。但是，水溶性滴眼液在眼部给药后极易被泪液稀释，并随泪液而流失，故普通滴眼剂制剂存在眼局部生物利用度低的问题，效果持续时间短，一般情况下每隔2小时就必须给药一次，而且水溶性差的药物也较难被制成常规的滴眼液。

鉴于上述问题，该项目对于难溶性盐酸贝西沙星，选择新型的聚卡波非为凝胶基质，采用原位凝胶技术制备具有缓释作用的盐酸贝西沙星滴眼液。所制备的滴眼液具有以下特点：① 具有良好的生物黏膜滞留作用。该产品选用聚卡波非作为基质，相比于普通水性滴眼液，给药后药物黏附在眼部黏膜上，可防止眼睑闭合和泪液分泌引起的药物流失。② 具有长达12小时的缓释效果。滴眼液进入结膜囊内凝胶化后，凝胶内包含的药物就会因浓度梯度而缓慢向泪液中释放（扩散），同时凝胶也在泪液的作用下缓慢溶解，由于凝胶的交联结构崩散，更多的药物在泪液中释放出来。浓度梯度和交联结构崩散两种机制导致药物释放，向眼内组织缓慢平稳地释放药物，长时间维持在有效浓度，可有效减少给药次数。③ 具有良好的用药顺应性。平稳的药物缓释效果减少了给药次数，提高了患者的顺应性。④ 生物利用度高。泊洛沙姆是一种生物相容性较好的非离子表面活性剂，一方面有助于改善难溶性药物溶解形成均匀的悬浊液的现象，另一方面能提高难溶性盐酸贝西沙星在黏膜的吸收程度，从而提高生物利用度。

技术先行　勇超国际

1. **枸橼酸西地那非口腔崩解片的研发**

公司自 1998 年起开始研发枸橼酸西地那非，该研究与美国辉瑞公司同期进入临床试验阶段。2015 年 1 月，公司取得枸橼酸西地那非原料药及片剂生产批件，成为国内首家双剂量规格上市的国产西地那非。

针对目前枸橼酸西地那非片剂口服不便的缺点，公司联合中国药科大学开展枸橼酸西地那非口腔崩解片新剂型的研究，用以解决老年患者及吞咽困难患者难以吞服西地那非片的问题，为一般患者提供在无水条件下服用西地那非片的便利。

口腔崩解片可几秒之内在唾液中快速溶解，或在口腔内快速崩解，因此其处方不同于普通片剂，需对药品处方进行重新设计。对于口腔崩解片来说，崩解剂、填充剂和矫味剂 3 种辅料最为重要。目前，拟采用进口交联羧甲基纤维素钠和微晶纤维素分别作为崩解剂和填充剂，使药片能在口腔中快速崩解，并在处方中添加三氯蔗糖、草莓香精作为矫味剂，以掩盖药品的苦味。

截至目前，公司生产的枸橼酸西地那非片年销售额超亿元，口腔崩解片上市后必将为产品销售带来新的增长点。这些药上市后能有效取代进口药品，降低药品价格，减轻患者的经济负担。同时，通过该项目的实施也能培养一批技术性人才，从而推动常州市制药行业的技术发展。

2. **创新成果转化初见成效**

坚持走产、学、研、销的横向合作开发之路是常州亚邦制药有限公司技术创新的主要途径。产学研合作，是实现技术应用和成果转化最有效的方式，也是提高企业自主创新能力和核心竞争力的重要手段之一。

常州亚邦制药有限公司通过产学研进行新型抗感染药物和心脑血管治疗药物的研发生产，新品是头孢地尼分散片，产品的市场需求量较大，自 2016 年投入市场以来，出货量逐年增多，每年市场效益翻倍。通过产学研合作，实现了产品制备工艺和杂质控制等关键技术的重大突破。2018年，常州亚邦制药有限公司与中国药科大学就"头孢地尼制剂新工艺的研发及产业化"项目签订了为期7年的委托开发协议，合同金额1 000万元。这是产学研合作项目中为数不多的大项目，不仅体现了企业强烈的创新诉求，而且体现了高校的科研实力。公司与中国药科大学已合作十余年，累计完成了8个重大新药品种的开发应用。

截至目前，通过与高校的产学研合作，公司共拥有发明专利22项、一类新药证书2个、新药批文10多个。公司研发的治疗新型肺动脉高压靶向药物被列入国家科技重大专项、重大新药创制课题。十多年的产学研合作让公司走出了一条长远的创新发展之路。

【高校】 中国药科大学坐落于古都南京，始建于1936年，是我国历史上第一所由国家创办的药学高等学府。学校为教育部直属、国家"211工程"和"985工程优势学科创新平台"建设高校，是一所以药学为特色的多科性、研究型大学，其中以药学、中药学学科为龙头的药学学科群建设始终保持国内领先水平，素有"中国生物医药人才摇篮"的美誉。2017年，成为国家"双一流"建设高校。学校荟萃了医药领域众多知名专家，走出了10位院士和一大批药学领域著名专家学者。现有中国工程院院士1人、德国科学院院士1人，国家级高层次人才14人次，国家级高层次青年人才36人次。学校主动服务国家重大战略，不断提升新药研发自主创新能力。建有"多靶标天然药物"全国重点实验室和省部级重点实验室、工程技术中心以及创新平台，实现了化学药、中药、生物药三大领域科研平台的全覆盖，为各类新药的研发提供全方位服务。与海外40多个国家和地区的院校及科研机构建立实质性学术合作关系。近年来，获国家科技进步二等奖4项、国家技术发明二等奖1项，获批国家"重大新药创制"科技重大专项项目数稳居全国高校之首。

加快转化我先行

——常州联德电子有限公司

【公司】 常州联德电子有限公司成立于2006年，注册资本2 000万元，职工总数230人，是一家专门从事汽车氧传感器及其核心精密陶瓷零部件的研发、生产和销售企业，在汽车氧传感器领域拥有较强的研发能力。自2010年至今，公司在前期项目相关产品的研发过程中，先后承担了常州市科技支撑计划项目2项、江苏省科技支撑计划项目2项、国家科技型中小企业技术创新基金项目1项、工业和信息化部"强基工程"招标项目1项，并全部顺利通过验收。常州联德电子有限公司建有江苏省智能氧传感器工程技术研究中心，被评为"国家高新技术企业""江苏省民营科技型企业"，通过TS16949质量体系认证和ISO14000环境体系认证。

优势互补 互利互惠

产学研合作是指企业、高等院校和科研院所本着优势互补、互利互惠、共同发展的原则，通过三方合作，共同推动科技成果产业化和企业进步的全过程，并实现科技成果的价值，是我国科技与经济紧密结合的有效途径。《江苏省"十三五"规划纲要》提出"实施创新驱动发展战略"，要求突出产业科技创新，激发全社会创新创业活力，积极培育经济发展新动能，着力推进产学研深度融合，突破关键核心技术。为了加快科技成果转化，推进高新技术产业化，充分发挥高等院校和企业各自的优势，常州联德电子有限公司与华中科技大学建立了长期稳定的产学研合作关系。从共建校外专业教学实习实践基地，到先后与华中科技大学固态离子学实验室和燃料电池研究与开发中心签署多份关于氧传感器关键材料和控制技术的研究开发协议,再到联合成立江苏省智能氧传感器工程技术研究中心,公司培养了一批企业急需的技术型人才,真正实现了优势互补、资源互用、合作共赢,促进了高校及企业的迅速成长。

汽车氧传感器是电喷控制系统的核心部件之一,用来精确测量尾气空燃比以反馈给发动机控制单元,调节燃油和空气比例,保持理想空燃比。随着机动车尾气排放标准不断提高,汽车氧传感器也从管式无加热型发展到了片式带加热功能的五线宽域型。基于极限电流原理工作的第 5 代五线宽域氧传感器,具有线性信号输出特性,其测量精度大幅提高,可以在全空燃比范围内进行测量,能满足欧 V 标准及更高的排放要求。另外,五线宽域氧传感器还能用于柴油和压缩天然气(CNG)发动机控制、工业燃烧控制及尾气精确测量等。

汽车氧传感器产品发展如图 2-7 所示,产品发展情况如表 2-1 所示。

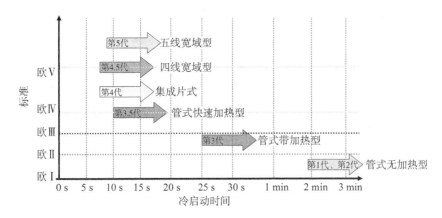

图 2-7　汽车氧传感器产品发展示意图

表 2-1　产品发展情况表

类别	德国博世	日本株式会社	日本电装	美国德尔福	常州联德
第 1 代、第 2 代管式无加热型	有	有	有	有	有
第 3 代管式带加热型	有	有	有	有	有
第 3.5 代管式快速加热型	无	有	有	无	有
第 4 代集成片式	有	无	无	有	无
第 4.5 代四线宽域型	无	无	有	有	无
第 5 代五线宽域型	有	有	无	无	有

目前，我国电喷控制系统70%的份额由德国博世、日本电装和美国德尔福垄断，其余大部分属于德国大陆集团VDO（威迪欧）、意大利马瑞利等企业。上述公司依靠的就是氧传感器及总成核心技术。可以说，谁掌握了氧传感器及总成技术，谁就拥有了电喷控制系统产业链各环节的话语权。针对这一情况，在前期关于管式产品与集成片式产品研发而进行的校企合作的基础上，华中科技大学燃料电池研究中心项目组从2015年起与常州联德电子有限公司合作开发了五线宽型域氧传感器总成生产技术，并于2016年联合建立了江苏省智能工程技术研究中心，作为高校教师、科研人员与企业交流合作的平台。

该项目采用双向联合体合作模式，充分发挥华中科技大学在精密功能陶瓷材料、系统集成技术等方面的优势，以及常州联德电子有限公司在产业化生产工艺和技术方面的优势，解决了以下问题。

（1）完成了五线宽域型氧传感器感应芯片制备工艺技术研究，使批量产品测量精度均达到要求，冷启动时间不大于10秒（图2-8）。

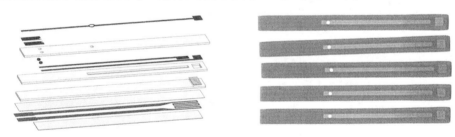

图2-8　片式五线宽域型氧传感器感应芯片结构

（2）研究和完善了氧化锆基体强度增韧材料配方（图2-9）及纳米结构催化铂电极制备技术（图2-10），大幅提高了基体抗弯强度、抗热震性能，延长了其使用寿命。

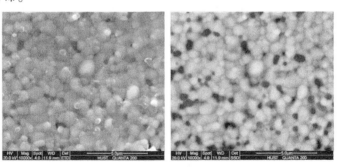

图2-9　氧化锆基体强度增韧材料配方

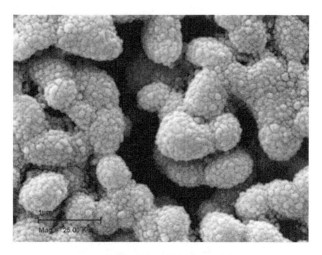

图 2-10 纳米结构催化铂电极制备技术

（3）完成了对氧化钛纳米金红石结构保护层制备技术（图 2-11）的研究，解决了尾气中铅、硅、磷等有害元素导致的中毒问题。

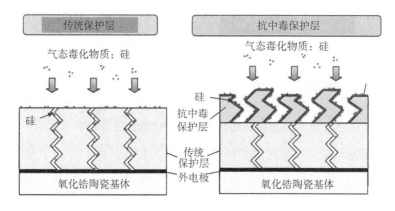

图 2-11 氧化钛纳米金红石结构保护层制备技术

（4）完成了宽域型氧传感器信号控制器（图 2-12）的研发，并用其替代进口的 CJ125 控制芯片。

图 2-12　宽域型氧传感器信号控制器

华中科技大学燃料电池研究中心项目组在完成五线宽域型氧传感器关键基体材料、保护层材料及控制器件的工艺分析、小试样品试制的基础上，协助指导企业开展产业化工作，并进行再创造，设计和起草与该项目相关的发明专利和实用新型专利。

该项目形成了 3 个发明专利，新建了 3 条五线宽域型氧传感器总成封装生产线和 1 条陶瓷感应芯片生产线，达到了年产 150 万套五线宽域型氧传感器的生产能力，新增就业人数 50 人，带动企业投资 12 000 万元，实现产值 15 000 万元。项目成果获得了中国商业联合会颁发的全国商业科技进步奖特等奖。

在合作过程中，企业通过高校教师、科研人员与企业的项目合作，有组织、有计划地引导和强化了高校与企业的产学研合作，提高了企业与高校的结合度，密切了企业与高校之间的联系，进一步建立和完善了产学研合作的有效途径与长效机制。企业获得了生产中所急需的关键技术，有效地解决了实际生产中的技术难题。高校教师和科研人员通过与企业的接触，增强了对企业实际技术需求的了解，进一步明确了社会服务方向，以更好地利用所掌握的技术服务于产业发展。这样既提升了高校教师、科研人员服务社会和地方经济的能力与水平，也提升了企业的核心竞争力和创新能力，还充分发挥了高校教师、科研人员理论水平较高及企业高级技术人员实践经验丰富的优势，实现了高校与企业的优势互补。

【高校】　华中科技大学材料科学与工程学院创建于 1953 年，是华中科技大学规模较大、实力雄厚的学院之一。华中科技大学燃料电池研究中心成立于2004年，主要从事SOFC关键材料、单电池制备、测试及系统集成等方面的研究开发工作。自成立以来，先后承担了50多项国家、部委及省市级科研项目，包括"863"计划课题5项、"973"计划课题1项、国家重点研发计划国际合作项目1项、国家自然科学基金项目15项（含2项重点项目），发表科研论文200多篇；申请国家专利24项，其中15项获得授权。该中心是湖北省技术创新重大团队、华中科技大学重点交叉创新团队，拥有达到国际水平的SOFC研究平台。

五轴联动开先河

——常州市武进广宇花辊机械有限公司

【公司】 常州市武进广宇花辊机械有限公司始建于20世纪80年代初，占地面积70 000平方米，建筑面积42 000余平方米，拥有员工280人，年销售额突破2亿元，是中国压花辊及热轧机械销量领先的花辊机械生产企业。公司拥有大型精密机床60台（套），电镀流水线6条，德国原装雕刻机9台，德国原装扫描仪2台，四轴模具雕刻机6台，大型数控龙门式加工中心6台及全套电脑制版、分色、激光照排系统。自成立以来，公司积极参与激烈的市场竞争，致力于开发和生产各种花辊，目前已形成了系列化、专业化生产线，特别是多层次皮纹辊、消光辊、镜面辊、网纹辊、钢对钢对轧辊、墙纸辊、单双面金属压花辊、无纺布热轧辊等。年产各类压花辊20 000余根。公司还专门生产各种二辊、三辊压花机，塑料流延膜机组，涂膜机组，塑料挤出板（片）材，无纺布高速热轧机，高速收卷机，高速分切机，无纺布后处理设备，金属压花机，纸张压花机等。年产各类机械300台（套）。公司先后获得ISO9001质量体系认证和ISO14000环境体系认证，是国内优质的花辊及压辊类机械生产厂家。

数控让"抛光"飞起

目前，国内外抛光技术主要有电解抛光、化学抛光和机械抛光。电解抛光的缺点是基体材料的组成与结构对抛光效果影响大，在应用上受到限制；部分材料表面有氧化膜形成，使电解抛光无法继续进行下去。化学抛光的缺点是抛光质量不如电解抛光，所用溶液的调整和再生比较困难，在应用上受到限制；

在化学抛光操作过程中，硝酸散发出大量黄棕色有害气体，对环境污染比较严重。机械抛光的缺点是抛光效率很低，抛光后的表面内应力大，异物多，切削量大，耐腐蚀性下降，使用时易造成局部点蚀。

数控电化学复合抛光技术是将电解—机械磨削（或研磨）复合加工技术与数控技术相结合的一种新型加工方法。电解作用是基于电化学阳极溶解原理：一个个离子从工件表面脱离被电解液带走，金属表面无抛光痕、无异物埋入；机械磨削（或研磨）的作用主要是去除阳极（工件）表面的钝化膜，确保电解过程连续不断地进行，切削量极小；采用五轴联动数控编程技术可以实现用简单形状的复合阴极加工复杂形状的零件。数控电化学复合抛光技术的优点是加工精度高，表面质量好，切削量小，适合所有金属零件的自动化抛光，特别适用于钨钢、高温合金、硬质合金和钛合金等难加工材料制造的复杂精密零件，以及薄壁、低刚度和淬硬零件的精加工与自动化抛光。该技术将使传统的机械加工理念发生巨大变化。例如，可以先采用淬硬热处理工艺对工件进行硬化处理，然后对工件进行粗加工、精加工和抛光加工。这对于节约资源，降低能耗，消除热处理变形，提高加工精度、表面质量及生产效率等具有十分重要的意义。

产学研政策树标杆

地方政府重视产学研合作。例如，常州市政府根据常州市实际情况制定了符合常州市市情的产学研合作政策、法规，并制定了可操作的实施细则，将政策、法规落到实处，成为推进产学研合作创新的"领导者"。政府在产学研合作中的作用主要表现在：① 制定政策，并保证政策的连续性和稳定性；② 完善技术合同、知识产权等各项法律、法规，以法律手段来保障产学研合作顺利进行，维护合作各方的利益；③ 提供科研经费，利用经费投入的方向和规模来体现政府的科技发展战略和规划，明确各主体之间的联系与分工，充分发挥产学研各方的优势。政府以经济和法律手段为主，以行政手段为辅，引导产学研合作健康发展。大学是创新的源泉，从事基础性研究和应用性研究。企业是创新的主体，根据自身生存和发展的需求及市场的要求从事少量的基础性研究工作，主要从事应用性研究。中介机构提供中介服务，消除各方的沟通障碍，构筑各方联系的桥梁。

常州工学院是江苏省高校文化创意协同创新中心立项建设单位。学校在产学研工作方面，具有完善的组织结构。产学研工作办公室负责制定全校的产学研合作中长期发展规划和年度计划，并组织实施；负责制定产学研合作的规章制度和激励政策，建立产学研合作工作机制和管理体系；拓宽产学研交流合作渠道，搭建产学研合作交流平台；促成校内外产学研合作资源的对接，整合校内力量申报产学研合作项目。在产学研合作管理方面，学校制定了比较可行的产学研项目管理制度，分管科研和产学研工作的校领导从宏观上对产学研进行指导和规划，产学研工作办公室在具体项目的筛选、联络、合同签订等方面对项目进行管理，项目主持人按照进度推进项目，确保项目达到预期目标。

常州工学院在产学研合作机制方面有3个创新：一是建立健全了产学研协同创新领导协调机构。二是建立并完善了领导干部促进产学研合作创新工作考核办法，对各级政府和有关部门进行产学研合作创新年度考核，建立了鼓励成果转化且与产学研结合的内部评价考核体系。三是建立并完善了有利于产学研合作创新的评价激励机制，建立了面向市场和企业的科技人才评价体系，激励更多的科技人员参与企业创新和成果转化。

强强联手优质量

江苏南方轴承股份有限公司应用数控电化学复合抛光技术制造轴承的高速运动表面和重要受力面，所加工的轴承表面质量高，无残余应力，抛光效率是传统机械光整加工的20~30倍。公司新增销售额15 609万元，新增利润2 025万元，新增税收2 289万元。

瑞声精密制造科技（常州）有限公司应用数控电化学复合抛光技术制造生产声学元器件的模具，对模具表面实施数控电解机械复合抛光加工。由于被加工表面无残余应力、表面质量好，所以用模具制造的元器件的质量高，模具寿命长。公司新增销售额39 866万元，新增利润7 978万元，新增税收2 154万元。瑞声光电科技（常州）有限公司应用数控电化学复合抛光技术制造声学元器件，新增销售额 11 156 万元，新增利润 2 397 万元，新增税收 1 833 万元。

数控电化学复合抛光技术打破了国外对航空航天发动机整体涡轮制造技术的垄断，突破了航空航天发动机制造行业的核心技术。五轴联动数控电解机械复合加工机床作为高端装备，是市场急需且有巨大发展潜力的产品，将成为新的经济增长点。研发团队采用了重力法过滤电解泥回收电解液，实现了电解液零排放，真正做到了绿色制造，开发了一种节能环保的加工技术。对于由高温镍基合金等难加工材料制造的整体涡轮盘，采用数控电化学复合抛光技术对改善工人劳动环境、提高生产率和产品质量具有现实意义。该技术为解决难切削材料、复杂形状和低刚度零件的加工难题提供了一种创新制造方法。2016 年，"五轴联动数控电化学复合抛光技术及产业化"获中国产学研合作创新成果奖二等奖。2017 年，"数控电化学复合抛光技术及产业化"获江苏省科技进步奖三等奖。

【高校】 常州工学院是一所全日制普通本科高校。学校设有 19 个教学单位、60 个本科专业。学校坚持以人才培养为中心，围绕地方产业发展需求，持续优化专业结构，以一流专业建设为引领，以专业认证为抓手，以产教融合为路径，不断提升专业内涵建设质量。学校是国家"十三五"产教融合发展工程立项高校，拥有国家级大学生校外实践教育基地 1 个，省实验教学与实践教育中心 10 个。现有教育部首批国家现代产业学院 1 个，工信部"专精特新"产业学院 1 个，江苏省重点产业学院 3 个。学校围绕常州"532"发展战略和"新能源之都"建设，深化产教融合，坚持改革创新，精准务实地推进学校事业高质量发展，向着建成一流应用技术大学的目标不断迈进。

汇聚人才为先导

——常州中铁蓝焰构件有限公司

【公司】 常州中铁蓝焰构件有限公司是由常州市城市建设（集团）有限公司和中铁十六局集团有限公司共同投资组建的合资企业，是一家以地铁盾构管片生产为主，兼顾装配式建筑预制构件生产、轨道交通设备和新型建筑材料研发生产的创新型企业。公司注册资金5 000万元，现有职工38人，其中科研人员15人。公司生产的高强度隧道管片为常州市高新技术产品、江苏省高新技术产品。2017年，公司被评为江苏省高新技术企业；2018年，公司成为江苏省建筑产业化现代化创新联盟会员单位。

目标精准　效果显著

为顺应我国装配式建筑行业的整体发展趋势，满足城市地铁建设对抗裂防水高性能混凝土材料的迫切需求，在江苏省科技厅、江苏省住房和城乡建设厅的经费支持下，整合常州工学院的优势科研资源和常州中铁蓝焰构件有限公司的研究团队，开展应用性课题研究。

通过实验室混凝土配比研究、生产线优化设计及现场工程应用，催生多项高质量研究成果。

常州中铁蓝焰构件有限公司作为一家生产混凝土制品的高新技术企业，为使相关产品达到国内领先水平，拟投入资金研发满足工业化生产需求的具有高抗裂性能的混凝土材料、标准化部件和构配件及相应的柔性制造技术，迫切需要高性能混凝土材料及制品研究方面的专家与其合作。常州工学院李书进教授课题组长期致力于轨道交通新型混凝土材料及制品的研发，与公司的需求高度契合，这为双方的合作奠定了坚实的基础。常州中铁蓝焰构件有限公司希望开发工业化建筑功能部品用自密实混凝土材料和工业化制品，需要解决混凝土材料配比、流变性能、凝结时间、抗裂性能的优化调控等方面的技术难题，于2015年9月成立了专门的科技攻关小组，由常务副总经理任组长，成员包含研发、技术、财务、市场部门相关人员，由专门的联系人分别对接归口业务。常州中铁蓝焰构件有限公司选派3名技术骨干与李书进教授课题组联合成立科研攻关小组，先期投入研究开发经费100万元进行探索性研究。2017年3月，常州工学院与常州中铁蓝焰构件有限公司及另外两家相关企事业单位成立了"建筑产业现代化战略合作联盟"，四家单位充分发挥各自的技术和资源优势，将项目设计、构件制作、产品安装整合为统一整体，打造优质的建筑产业现代化生产安装系统，有效提高运营效率，增强核心竞争力，促进行业快速和谐发展。

2018年7月，李书进教授入选江苏省"双创计划"科技副总，与常州中铁蓝焰构件有限公司深度开展产学研合作，助力企业发展。常州中铁蓝焰构件有限公司与李书进教授课题组签订了技术开发合同，投入50万元科研经费，用于支持课题组研发预制管片高性能混凝土材料及其生产。2018年11月，校企联合申报的"预制管片高性能混凝土优化设计与质量控制研究"项目获得江苏省科技厅立项。

标新立异　信息先行

2014年10月，江苏省政府发布了《省政府关于加快推进建筑产业现代化促进建筑产业转型升级的意见》，提出加快推进以"标准化设计，工厂化生产，装配化施工，成品化装修，信息化管理"为特征的建筑产业现代化。南京、苏州、无锡、常州、徐州、南通等多个城市掀起了地铁建设的热潮，而高耐久性设计的地铁工程对高抗裂防渗混凝土材料的需求与日俱增。在此背景下，为了制备高抗裂防渗混凝土和优化设计理论，并为工程应用提供技术支撑，科研攻关小组开展了相关研究。

科研攻关小组基于混凝土材料的抗裂、防渗机理，通过掺入憎水性抗裂防水剂等技术措施，采用主成分分析方法设计出符合常州地铁工程需求的高抗裂防渗混凝土材料，并制定了混凝土生产、施工质量控制解决方案。科研攻关小组对混凝土抗压强度、抗弯强度、外观质量、抗渗、抗裂等性能进行试验研究，为合作企业的技术人员开展了多场混凝土抗裂防渗技术专题培训。

汇集人才　突飞猛进

高等院校、混凝土生产企业及施工单位的技术骨干联合成立了科研攻关小组，由常州工学院高性能混凝土研发团队的李书进教授牵头，由常州中铁蓝焰构件有限公司、常州市轨道交通发展有限公司、中铁四局集团常州市轨道交通二号线项目部等多家企事业单位协作，获得混凝土材料生产企业、施工企业的大力支持，充分发挥高校人才集中、仪器设备先进的科研条件优势，确保研究任务高质量完成。

本项成果为住房和城乡建设部科技计划项目"高抗裂混杂纤维自密实混凝土制备及性能研究"（项目编号：2014-K4-37）和江苏省住房和城乡建设厅项目"城市轨道交通地下工程结构混凝土抗裂防水成套技术研究"（项目编号：201506300005）的研究成果，经专家审定，该成果属于国内领先水平。科研攻关小组撰写的论文《纤维自密实混凝土早期收缩及阻裂特性研究》荣获常州市第十三次自然科学优秀科技论文三等奖。课题前期研究成果"地下结构工程高抗渗性混凝土集成化技术研究及应用"在常州市轨道交通一号线工程中成功应用，并荣获中国城市规划设计院CAUPD杯华夏建设科技进步奖三等奖。研究成果"粗粒土强度和变形特性的真三轴试验研究"荣获2017年度中国商业联合会科学技术奖三等奖。科研攻关小组帮助企业优化混凝土生产配比、改进生产工艺、提升质量控制体系，使产品质量逐年提高。2017年申报的"高强度隧道管片"通过江苏省高新技术产品认定。常州市轨道交通二号线使用了课题组研发的高抗裂混凝土盾构管片近3万环，取得了良好的社会效益、经济效益。

【高校】　常州工学院是一所全日制普通本科高校。学校设有19个教学单位、60个本科专业。学校坚持以人才培养为中心，围绕地方产业发展需求，持续优化专业结构，以一流专业建设为引领，以专业认证为抓手，以产教融合为路径，不断提升专业内涵建设质量。学校是国家"十三五"产教融合发展工程立项高校，拥有国家级大学生校外实践教育基地1个，省实验教学与实践教育中心10个。现有教育部首批国家现代产业学院1个，工信部"专精特新"产业学院1个，江苏省重点产业学院3个。学校围绕常州"532"发展战略和"新能源之都"建设，深化产教融合，坚持改革创新，精准务实地推进学校事业高质量发展，向着建成一流应用技术大学的目标不断迈进。

现代技术铸先进

——江苏蓝盾智能科技有限公司

【公司】 江苏蓝盾智能科技有限公司是一家以智能化弱电工程为主，专门从事信息管理、监控、安防、消防系统的一站式智能方案及工程系统实施的现代化高科技公司。公司服务内容包括综合布线系统工程、计算机网络系统工程、电话通信系统工程、防盗报警系统工程、数字监控系统工程等。江苏德威系统集成有限公司是一家专门从事智能化咨询、规划、设计、实施、运维、集成及软硬件开发的高科技企业。公司具有国家住房和城乡建设部颁发的建筑智能化工程设计与施工一级资质、国家安防工程企业二级资质、计算机信息系统集成资质、城市及道路照明工程施工资质等。公司业务覆盖综合布线、信息网络、安保系统、会议系统、音视频通信、信息发布、大屏显示、楼控等相关软硬件的开发等。

智能检测　智慧水利

农田灌溉水有效利用系数是反映农田灌溉工程质量、灌溉节水技术、农田灌溉管理水平等现状的重要指标，是国家实行最严格水资源管理制度、确定水资源管理"三条红线"控制指标的一项总指标。开展灌溉水量智能检测对准确掌握灌区各级渠道的状况，提高灌溉管理水平，促进灌区节水改造和水资源优化配置，具有十分重要的意义。

江苏蓝盾智能科技有限公司针对常州市水利局提出的相关要求，按照市、区（市）、乡镇三级管理模式，形成区域灌溉水量监测系统架构，包括终端设备（农业灌溉水量监测终端）、通信网络和监控中心三层。终端设备主要是各个站点水量采集设备等；通信网络主要包括2G、3G、4G等无线通信网络；监控中心包括水量数据采集中心软件、水利局各级管理用户PC和移动终端水量监测系统软件等。灌溉水量数据通信需要符合常州市水利信息化建设指导意见的相关规范和协议等。江苏蓝盾智能科技有限公司、江苏德威系统集成有限公司开展了智能检测区域灌溉水量的检测系统研发，并与河海大学联合攻关，共谋农业节水、农业水利监测等领域的合作发展，共建智慧水利新局面。

精心创造　精益求精

公司与合作方通过多次研讨和实验，共同完成了有关农业三级灌溉水利智能监测的多项成果。

1. 提出并完善了基于电流检测的泵站信息智能监测终端的率定方法

根据若干个标准检测点的电流和流量检测数据，获得了电流和流量之间的初步对应关系，建立了电流和流量之间的数学表达式，通过最小二乘法进行数据拟合，确定了特征系数，并生成拟合函数，建立了电流和流量之间的率定模型。该方法可全面、有效、准确地进行实时动态监测，并提取出合理的率定参数，保证测量过程的精确性，计算高效，精度可靠，有助于更加精准地监测泵站信息。

2. 研制出农业灌溉水量监测终端

农业灌溉水量监测终端主要为灌溉水量监测管理系统提供现场数据采集和上传的功能。终端是将STM32微控制器作为控制核心，通过嵌入$\mu C/OS\text{-}II$实时操作系统进行任务的协调工作；基于RN7302电能芯片对水泵工作电流进行采样，换算电流并计量获得泵站水泵的灌溉用水量；通过超声液位传感器检测下游水位；通过GPRS通用分组无线服务技术实现通信，利用SIM800A模块连接数据流量卡进行远程通信；由液晶屏、控制器、存储器构成的触摸显示屏实现监测终端与操作者的人机交互。采集和上传灌溉站点各水泵的使用数据，包括本次开机用水量、累计用水量、机组运行状态，并打包数据发送至服务器。通过对灌溉水泵电机的工作电流进行采样，得到灌溉水泵的运行状态，再结合模型计算出灌溉水量。同时，设备需要根据操作者设定的站点编号向服务器请求其对应的率定参数、额定电流、网际互联协议（IP）和端口。操作者可以在终端修改站点编号，查询 IP 和端口、电流系数，也可以在终端设备本地或者通过访问服务器的方式查看泵站信息。

3. 开发了 PC 端农业灌溉水量监测系统

农业灌溉水量监测系统在常州基础地形图的基础上，将泵站点位分布情况直接显示在地理信息系统（GIS）平台上，并动态显示实时监测数据，点击站点位置可直接显示泵站信息，查看点位泵站的实时监测曲线和统计数据等。根据各泵站的监测数据，可绘制出用水量图，显示灌溉农田的基础图层。

4. 开发了移动端手机监测系统

通过移动端手机监测系统直接查看各泵状态、实时水量数据、统计水量、站点资料、站点分布地图、用水简报、气象信息，也可进行修改密码等操作，实现移动办公和实施监测。

合作共赢　多方受益

在该项目实施的过程中，河海大学负责技术方案的设计与研发，江苏蓝盾智能科技有限公司承担溧阳市 1 178 个泵站的信息化监控系统的集成和工程实施，江苏德威系统集成有限公司承担了武进区 642 个泵站的灌溉水利监测系统集成和工程实施。常州市水利局为项目成果的应用方，根据农业水价综合改革及高效节水灌溉的工作要求，对农业用水的灌溉泵站进行全面监测和计量。

提倡节约农业用水、提高灌溉效率是保证粮食安全、建设节水型社会的基本要求和着力点。对本项目技术的推广应用是高效节水灌溉的典型案例，将助推农业水价综合改革进程，也将逐步改变农业灌溉中普遍存在的水资源浪费、水资源利用率低的现状。区域灌溉水量监测系统可帮助提高小型农田水利工程的管理水平，并促进节水型社会建设。

【高校】河海大学是一所拥有百年办学历史，以工科为主，多学科协调发展的教育部直属重点大学，是实施国家"211 工程"重点建设、国家优势学科创新平台建设、一流学科建设及设立研究生院的高校。学校现有15个博士后流动站，16个一级学科博士点。77个二级学科博士点，38个一级学科硕士点，205个二级学科硕士点。河海大学围绕国家"双一流"建设战略，全面深化改革，强化内涵特色，力争早日建成有特色的世界一流大学。河海大学在水利信息化方面有较强的团队，为水利系统提供技术支持。

第三篇

服务创新开先锋

政府牵线创佳绩
——西夏墅镇政府

【政府】 西夏墅是中国工具名镇，现有工具相关企业1 000余家，产品覆盖金属切削机床用的各种工模具。西夏墅镇历史人文底蕴深厚，生态优美宜居，刀工具产业特色鲜明，是集聚发展高端制造业的沃土，是全国最大的硬质合金刀工具生产基地之一。目前已形成了刀工具、新材料、汽摩配和机械装备等产业体系，刀工具和新材料两大产业近三年的销售额年均增幅分别达到20.7%和22.1%，其中刀工具已是西夏墅镇的主导产业、高新区特色产业；培育了常州市宏发纵横新材料科技股份有限公司、江苏大利节能科技股份有限公司等一批成长性好、科技含量高、创新能力强的企业。

集思广益 协同发展

西夏墅镇依托产学研合作创新示范基地，立足于西夏墅镇产业转型升级的宏远规划，积极与国内外高校和科研院所加强交流，拓宽产学研合作的渠道，打造基地与院校之间的长效合作机制，创建温馨的合作环境，吸引尖端产业项目，凝聚一流创新人才，不断推动产业层次提档升级。西夏墅镇政府与中南大学粉末冶金研究院共同开发高性能超细晶硬质合金新材料研发与产业化项目，与常州工学院机电工程学院、江苏省机械零部件及刀具产品质量监督检验中心合作共建刀具创新科研平台。

近年来，西夏墅镇产学研合作层次不断提升，从最初的企业与高校或研究所采取共建实验室、工程技术中心或股份制企业等方式结成产学研联合体，逐步发展形成建立长期战略合作关系与建立产学研联合体并举的新格局。

西夏墅镇本着"优势互补、共同发展"的原则,通过科技中介服务机构的有效参与和协调,紧紧围绕优势产业,组织有良好合作条件和合作关系的相关企业、高校、科研院所,签订责、权、利明确的长期合作协议,建立紧密结合、利益共享、风险共担的产学研合作创新联盟。联盟以提升集成创新能力和综合研发水平、培育支撑产业为目的,选择有关联的项目群,进行综合性、产业化联合研发,最终形成具有自主知识产权和较好市场前景、优势互补的系列化技术成果与产品。

西夏墅镇充分发挥高校和科研院所人才集中的优势,支持高校、科研院所与企业之间的人才流动;鼓励企业和高校共建博士(后)工作站、工程硕士教学点和实训基地,培养学生的实践能力和创新能力,实现人才培养与企业一线人才需求的对接;发挥高校的教学和培训职能,定期或不定期将企业的技术和管理人员选送到高校进行先进技术和管理培训,进一步提升了企业技术水平和平台服务能力。

政引行监　融合发展

1. **加强产业、资本与校企合作的融合**

依托产业发展,通过政府引导、行业协会监督,吸引创投、鼓励众筹、扩充种子资金,以协议方式或股份制方式进行投融资,有力支撑优质的产学研合作项目,进一步提高产学研项目的落地率,在区域内形成强有力的创新驱动,推动产业转型升级。

2. **提升产学研平台服务层次**

依靠公共服务平台,解决产业发展亟须解决的共性问题,不断求精。在与常州市质监局共建省级检测中心的基础上,西夏墅镇政府还与常州市计量测试技术研究所、中国计量大学开展深度合作,引入刀具圆度仪、刀具测力仪等计量仪器,统一计量检测体系,延伸刀具产业链;联合国内重点高校,柔性引进一批科研人才,共同建立工具研发中心,购置国外刀具厂商开发的软件,助力企业技术研发,缩短产品开发周期,加快企业创新速度。

工具名镇　精工细作

为更好地做精工具产业,提升产品品质,弘扬"中国工具名镇"品牌效应,在紧抓高效精密硬质合金工模具研发的同时,延伸产业链,与中南大学粉末冶金研究院共同开发高性能超细晶硬质合金新材料研发与产业化项目。以西夏墅镇工具产业为基础,以大集团为依托,瞄准国际领先水平,组建集新材料、高端刀具生产为一体的研发基地。该项目的成功合作不仅促进了西夏墅镇工具产业的发展,而且对我国民族产业的发扬光大具有重要的推动作用。

西夏墅镇政府与常州工学院机电工程学院、江苏省机械零部件及刀具产品质量监督检验中心合作共建刀具创新科研平台。常州工学院与江苏省机械零部件及刀具产品质量监督检验中心"检产学研"全面合作框架协议的落实,积极推动了江苏省机械零部件及刀具产品的技术创新,进一步优化了科技创新机制,提升了西夏墅镇工具企业的自主创新能力,推进了自主品牌建设和人才队伍建设,促进了"检产学研"的无缝对接,从而达到了互惠互利、优势互补、产研互动的目的,促进了西夏墅镇经济的健康快速发展。

西夏墅镇政府采取培育技术市场、举办展洽会等方式,推出一批科技成果,签约一批成果项目。每年组织企业参加中国常州先进装备制造技术成果展示洽谈会,有56家企业与11所高校及科研院所的专家进行了科技合作项目对接与洽谈,获得了较好的效果,推动了地方经济发展。本着"优势互补、共同发展"的原则,西夏墅镇政府加强与国内外科研机构及大企业的合作,参与地方重大科技活动和经济建设。先后与中南大学、哈尔滨理工大学、大连理工大学等签订科技(经贸)合作协议,拓宽产学研合作空间,实现从单一项目合作到创新平台、产业基地建设和人才互动交流的延伸。通过设立国际科技合作专项,推动国际产学研合作。由政府牵头组织,企业、高校、研究机构共同参与,通过协议方式或股份制方式组建公共创新服务机构,为企业提供新产品开发、技术小试、中试及理论验证服务。促成创业服务中心、工具协会、工具研究所等单位组建生产力促进中心,向企业提供模具设计、新产品开发、技术检测等多项服务。生产力促进中心成立以后，累计为西夏墅镇350余家企业提供服务，缩短了企业新产品开发周期，开发成本大大降低。同时，不断提升服务平台层次，建成省级科技公共服务平台。目前，西夏墅镇与常州市质监局共同投资近2 000万元打造的江苏省机械零部件及刀具产品质量监督检验中心已正式投运，规模进一步扩大，功能逐渐完善。西夏墅镇将努力打造重大科技平台，争创国家级产业公共服务平台。

根据产业发展需要，西夏墅镇政府启动建设集展示、检测、培训、研发、信息中介及孵化器六大功能于一体的江苏西夏墅工具产业基地；启动建设建筑面积达45 000平方米、总投资达3亿元的中国西夏墅工具交易中心，力争建成集产品交易、商务、娱乐、会务、产业信息中心为一体的综合性交易市场，为产学研活动的开展创造适宜的营商环境与创新氛围。联合培养人才是产学研合作的重要内容，贯穿于产学研合作的各个环节。西夏墅镇通过共建院士工作站、组建某一创新项目联合开发团队、相互聘任对方研究人员等方式，为企业培养了大批高层次技术和管理人才。

广泛收集国内外科技成果信息，定期公布高新技术的产业指南和企业的技术难题，为成果供需双方提供更多的见面机会，并组织专家解决了部分企业的技术难题。通过完善生产力促进中心体系，创办各类专业中介服务机构，增强西夏墅镇产学研基地的服务功能，连接技术与市场，促进科技成果向现实生产力转化。

【高校】 中南大学位于湖南省长沙市，是教育部直属全国重点大学，国家"211工程"首批重点建设高校，国家"985工程"部省重点共建高水平大学和国家"2011计划"首批牵头高校。2017年9月，学校入选世界一流大学A类建设高校；2022年2月，入选第二轮"双一流"建设高校。中南大学由原湖南医科大学、长沙铁道学院与中南工业大学于2000年4月合并组建而成。学校学科门类齐全，拥有完备的有色金属、医学、轨道交通等学科体系，涵盖哲学、经济学、法学、教育学、文学、理学、工学、医学、管理学、艺术学、交叉学科等11大学科门类，辐射军事学。学校在国内率先创办创新型高级工程人才试验班，为教育部卓越工程师、卓越医师、卓越法律人才教育培养计划首批试点高校。入选教育部"强基计划"首批试点高校，八年制医学教育

(医学博士学位）试点高校。入选全国首批毕业生就业典型经验高校、全国首批深化创新创业教育改革示范高校、全国大众创业万众创新示范基地，成为我国百强企业最欢迎的10所大学之一。

政企同心候佳音
——常州市海力工具有限公司

【公司】 常州市海力工具有限公司是一家以研发、生产硬质合金刀具为主要业务的省级高新技术企业，已通过ISO9001质量管理体系认证、ISO14001环境管理体系认证和OHSAS18001职业健康安全管理体系认证，具有江南银行AAA级信用等级资质，是全国民营刀具前十强企业。公司秉承"创新为重点、人才为根本"的核心理念，将科技创新工作作为公司经营管理的重点，建立完善的管理制度和创新机制，并先后与上海交通大学、哈尔滨理工大学等高校开展了产学研合作，组建了产学研联盟团队，有效地开展了各项创新工作。

校政企协同　　创新驱动发展

江苏西夏墅工具产业研究院（以下简称"研究院"）是由国内知名高校上海交通大学与常州市政府、常州市工具行业龙头企业常州市海力工具有限公司合作设立的专业性、公益性、开放性的新型研发机构，是投资主体多元化、组建模式多样化、资源配置市场化、管理机制企业化、研发方向需求化、人才队伍国际化的产业研究院。

研究院实行投管分离、独立核算、自负盈亏的管理体制，采取市场化运作和企业化经营的模式，校企双方共同成立董事会与理事会，管理研究院各项事务。上海交通大学作为研究院管理机构，集成和转化其科技成果，通过成果转化和科技型企业孵化，将雄厚的研发力量移植到研究院，将其自身技术优势和人才储备转化为现实生产力，与当地的经济优势有机结合。地方政府与龙头企业共同出资建设研究院基础设施、购置研发及检测设备，政府发挥规划、协调、引导功能，并在项目、人才、资金等方面给予分类政策支持，促进新型研发机构发展。另外，研究院聘请专业化运营管理团队，建立畅通的成果产业化和市场化渠道，让更多的科研成果直接为产业和经济服务。

实事求是　顺应市场

随着切削加工技术的发展和航空航天、海洋工程、汽车制造、飞机等一批关系国计民生的重大项目的实施，加工制造行业对高精度、高性能数控切削工具的技术水平和质量要求越来越高。加工复杂刃形高精度刀具，采用普通工具磨床和传统工艺方法是很难实现的。虽然近年来我国企业大量引进瑞士、德国、日本公司的四轴或五轴工具磨床，但精密机械工业与机械加工等行业急需的高精度、高效、高速数控刀具受制于研发设计与工艺技术，许多先进设备和先进技术难以充分发挥其优势。随着国内军民融合的不断深化，数控工具产品替代国外进口产品的进程正在不断加快，国内企业对数控工具研发技术、工艺优化及切削软件设计的需求巨大。产业发展迫切需要有现代科研院所与之配套衔接、提供技术支撑，江苏西夏墅工具产业研究院应运而生。

江苏西夏墅工具产业研究院整合政府、高校、科研院所与企业的创新资源，通过对具有巨大经济潜力的产业前沿、共性技术的研发，使校地双方由简单的优势互补走向合作共赢。研究院建成后，集聚50人的研发团队，其中博士学历的研发人员20人，力争每年开发航空航天、海洋工程、汽车制造等高端刀具新产品50个，申请国家专利200项，通过重点成果转化实现销售收入3亿元。

集聚人才　刀界之王

研究院集聚全国知名科研院所的专家，围绕高端刀具的材料、结构、涂层技术，以及工具专用磨削加工设备、涂层设备进行研发。在刀具设计技术方面，运用计算机辅助制造（CAM）技术进行刀具设计；对碳纤维复合材料、高温合金、硬脆合金等难加工材料开展切削试验；研究金刚石、PCBN（聚晶立方氮化硼）、陶瓷刀具的制造方法与加工工艺；研究高端精密刀具的结构与制造技术，形成完备的批量化生产工艺。在先进刀具材料技术开发方面，研究高速钢、硬质合金材料配方与生产技术，打破国外企业在高端刀具材料领域的垄断，替代进口产品，开发出适用不同被加工材料的合金产品。在刀具涂层技术开发方面，研究 TiAlN（氮化铝钛）、微纳米金刚石刀具的生产技术，根据被加工材料的特性，开发各种刀具涂层技术。研发高性能化学气相沉积/物理气相沉积（CVD/PVD）技术、磁溅射涂层装备，并实现产业化。在刀具制造装备开发方面，重点瞄准智能化数控刀具磨床、超高精度磨削装备、高端环保装备进行技术攻关，开发具有自主知识产权的国产高端加工装备，解决刀具设备长期依赖进口，在核心技术上遭遇禁售、高价等"卡脖子、牵鼻子"难题，提高全产业链技术附加值。

研究院与国家信息中心、国家经济中心、国家统计中心合作建设智能云平台，围绕刀具制造技术建立"数据云"，向企业提供刀具研发数据支持、智能制造技术支持。与国家信息中心制造信息库进行信息交互，实现海量刀具设计、实验参数的共享，为企业刀具研发与生产提供大数据服务，解决企业研发与生产过程中数据收集手段缺乏、数据采集成本高的难题，大幅降低企业研发、生产成本。瞄准国际先进刀具技术进行战略分析，把握产业发展的战略关键点，明确国际竞争对手的研发进度，为研究院确定研发方向提供有效参考。向企业提供智能制造技术，为企业提供智能管理与智能制造模块，提升刀具企业生产数字化、自动化与智能化集成度。与上海交通大学合作建立技术转移中心，对研究院研发的刀具先进技术进行统一运营，直面地方企业的科技研发需求，实施技术转移与成果转化。

打造刀具领域人才集聚高地，建设会展中心、人才公寓、人才服务中心，形成完善的生活配套，吸引和培养行业相关高端人才，吸引创业团队入驻。承办国家级或省部级刀具学术会议、技术论坛、标准化会议，设立国家刀具标准化技术分会，打造全国刀具技术交流中心，加强高层次人才交流。设立专门的人才服务中心，为落户的创新创业人才提供全方位、全流程的服务，解决人才在科研活动和创业孵化过程中遇到的问题，加快研发进程。为加强创新动能，研究院更好地融合"互联网+",深度整合合作各方的检测资源,开展线上与线下相结合,高校、企业、检测机构资源共享的一站式检测服务和检测战略联盟;购置国际尖端检测设备,配备专业化检测团队,申请中国计量认证(CMA)、中国合格评定国家认可委员会(CNAS)资格认定,打造全国领先的刀具检测中心,促进协同创新,提高研究院智能数控工具产业的整体质量水平。

【高校】 上海交通大学是我国历史最悠久、享誉海内外的高等学府之一,是教育部直属并与上海市共建的全国重点大学。经过120多年的不懈努力,上海交通大学已经建设成为一所"综合性、创新型、国际化"的国内一流、国际知名大学。

近年来,通过国家"985工程"、"211工程"和"双一流专项"的建设,学校高层次人才日渐汇聚,科研实力快速提升,实现了向研究型大学的转变。学校现有本科专业75个,涵盖经济学、法学、文学、理学、工学、农学、医学、管理学和艺术等9个学科门类。学校有18个学科入选国家"双一流"建设学科,18个学科入选上海市高峰高原学科。学校的科学研究与科技创新水平不断提高。20余年来,获得国家科技奖99项,上海市奖593项。

中医名药传佳话
——亚邦医药股份有限公司

【公司】 亚邦医药股份有限公司成立于2011年,由亚邦投资控股集团有限公司和江苏亚邦药业集团股份有限公司共同投资成立。在江苏武进经济开发区征地1 300亩,总投资45亿元,立足西太湖国际医疗产业园区,打造亚邦生命科技产业园。公司致力于建设大型创新药品、功能保健食品、新型医疗器械研发生产基地,并成为理疗、老年康复、美容健康等综合性健康体验中心和生命科技产业人才培训基地。

大健康 大创新

为提高科技创新能力,加快经济转型升级,深化政产学研合作,积极促进健康产业发展,武进区政府、南京中医药大学与亚邦医药股份有限公司三方合作共建南京中医药大学-亚邦医药健康产业研究院(江南健康产业研究院)。

健康产业以医疗健康服务和医药产业两大行业为核心,构成具有巨大发展空间的经济产业链。医药产业已成为我国发展最快的产业之一,属于国家重点支持的战略性新兴产业。大健康产业是未来最有发展前景的经济支柱产业之一。以"大中医、大健康"为主题的中医医疗预防保健体系,将推动医疗服务从疾病的治疗阶段向疾病预防控制阶段过渡。传统自然疗法和现代中医药的有机结合将促进健康产业不断发展,发展生命健康产业对我国经济和社会具有重大意义。

根据武进区政府的产业规划、南京中医药大学的学科特色、亚邦生命科技产业园健康产业发展方向,江南健康产业研究院制定的主要研究方向为现代中药研发和高端保健产品研发。研发成果主要在亚邦生命科技产业园中进行产业化，也可以向第三方转让。

中医名药　天然自成

江南健康产业研究院发展新型单元现代中药制药技术、在线检测与质量监控技术、自动控制技术、系统集成与优化技术及装备；融合传统和现代提取分离技术，提供现代中药提取分离成套技术；促进传统提取分离工艺及装备的技术升级；实现工程化验证、产业化示范和推广应用；积极开展国际合作与交流，加速引进、消化吸收国内外先进的提取分离技术，研制中试和产业化国产装备。

江南健康产业研究院利用自身优势，在多项工程技术研究成果的基础上，进行中药新药、天然植物药的深层次研究开发和应用，以及名优中成药的二次开发。二次开发的目标是建立与国际接轨的现有产品的质量控制标准，努力使产品进入世界医药市场，提高产品的科技含量。

医疗机构中药制剂是临床用药的有益补充，特别是经临床处方整理、筛选、研究出来的工艺稳定且质量可控的中药制剂，能满足中医临床、保健、科研需求，对推动中医药的继承与创新具有重要作用。在保证传统剂型的基础上，研制新制剂和新剂型，申请知识产权保护，推动中医药名方验方开发可持续发展。中医名院离不开名科、名医。医院中药制剂是中医名科特色的表现，这些制剂既是名科中医学术的支撑，也是中医院立身之本，既是医生向患者提供服务的重要手段，也是名科学术传承、科研方向、学科发展和专科建设的重要载体。随着疾病谱的变化及医学模式的改变，新药研发往往滞后于临床需求。医院中药制剂历经长期反复实践，疗效确切，具有中医辨证论治的灵活性与个体化治疗原则，能较快跟上临床需求，率先满足临床和患者的需要。

江南健康产业研究院开发的保健品为经典、名贵中药，以"真材实料，纯天然、无任何化学添加"为卖点，亚邦医药股份有限公司提出将其制作成方便携带、易于服用的片剂。根据这一需求，南京中医药大学进行相应的处方、功效方面的研究。双方主要的合作产品如下：

（1）阿胶和红枣片。功效：阿胶和红枣都具有补血养颜、滋阴、抗氧化的作用，而且对皮肤的保养有很大的效果。适宜人群：广大女性消费者。产品特点：以红枣和阿胶为主原料，采用科学配方和先进工艺精制而成，片剂便于口服，口感好，而且便于携带。

（2）鹿茸枸杞片。功效：鹿茸和枸杞都被用作滋补强壮剂，对治疗由肝血不足、肾阴亏虚引起的一些疾病具有很好的疗效。适宜人群：中老年男性。产品特点：将鹿茸和枸杞结合，实现优势互补，从而大大提高药性，具有事半功倍的效果。相较于单独服用枸杞或者鹿茸，其营养价值都是无可比拟的。而且，将鹿茸和枸杞混合制成片剂，也是一种创新。服用鹿茸枸杞片，比分别服用鹿茸片和枸杞制品更方便，而且不用担心有其他副作用。

（3）纯冬虫夏草含片。功效：冬虫夏草是一种传统的名贵滋补中药材，有调节免疫系统功能、抗肿瘤、抗疲劳等多种功效，具有补肺肾、止咳嗽、益虚损、养精气的功效。适宜人群：冬虫夏草是适合人群最广的补品，无须忌嘴，对身体大有益处。

小荆芥　大作为

亚邦医药股份有限公司与南京中医药大学合作建设的首个项目——荆芥种子、种苗繁育基地建设获得了国家中医药管理局国家基本药物所需中药材种子、种苗繁育基地建设项目立项支持。该项目已于2016年完成验收。项目建设了江苏大宗地产药材荆芥种子、种苗繁育基地300亩；完成了荆芥良种繁育研究工作，建立了荆芥药材种子、种苗繁育及生产技术标准，制定了荆芥种子、种苗质量标准及繁育规程；形成了年产荆芥种子、种苗4 000千克的能力。

该项目的实施，增加了优质荆芥种子、种苗及药材的市场供应量，向全省乃至全国提供优质荆芥种子、种苗，部分缓解市场供需矛盾。在金坛本地可推广种植面积5 000亩以上，年产荆芥2 000吨，实现产值3 000万元以上，可以带动周边农民致富，有力提高当地经济发展水平，增加当地税收，促进和谐社会和新农村建设。

健康产业由于符合国家战略发展方向而被列为重点产业。但是，生命科技产业又有着高风险、高投入、长周期、高回报的特点，因此更需要政府、高校、企业三方合作来做大做强生命科技产业，由高校为企业提供人才与科技支持，政府为企业提供政策支持，只有这样才能使企业得到更好更快的发展，实现三方共赢。

【高校】 南京中医药大学是国家"双一流"建设高校和江苏省高水平大学建设高校（A类），是教育部、江苏省人民政府与国家中医药管理局共建高校。学校始建于1954年，是全国建校最早的高等中医药院校之一。学校师资力量雄厚，名家云集，是全国中医师资进修教育基地。学校始终坚持实施"人才强校"战略，拥有国医大师、"长江学者"特聘教授、"973"项目首席科学家、国家杰出青年科学基金获得者、国务院学科评议组成员、全国名中医、中医药传承与创新"百千万"人才工程岐黄学者、百千万工程国家级人选等一批国内外著名专家学者，建设了一支富有发展潜质和创新活力、以中青年教师为主的一流师资队伍。

学校聚焦国家重大战略需求，以科技创新服务经济社会发展，拥有国家重点实验室培育建设点、国家发改委工程研究中心、教育部重点实验室、教育部工程研究中心、江苏省重点实验室、江苏省协同创新中心、江苏省工程研究中心（工程实验室）、江苏省高校重点实验室、江苏高校哲学社会科学重点研究基地、国家技术专业示范中心等多个科研平台。近年来，学校承担的国家重大科技专项、国家自然科学基金和国家社科基金重大项目总数均位列全国中医药院校前列。

三方联合写佳作

——常州市交通运输局

【政府机构】 常州市交通运输局是常州市政府下属的职能部门,主要负责贯彻执行国家和江苏省有关交通运输的方针、政策、法律、法规,组织起草地方交通运输规范性文件,编制全市交通综合运输体系规划,组织实施交通重点工程建设,依法承担并实施交通运输行业管理和市场监督职能,拟订全市交通运输行业投融资政策并监督实施,负责全市交通运输行业安全生产的监督管理等工作。

矛盾凸显 车行艰难

长期以来,我国出租汽车行业在经营权、运力、运价等方面一直处于政府高度管控状态。随着城市常住人口的快速扩张和人民生活水平的提高,出租汽车行业的各种矛盾日益凸显:打不到车的供需矛盾,拒载、绕道的服务矛盾,与燃料价格相随的价格矛盾,"份子钱"的利益矛盾等。同时,出租车停运等群体性事件频发对行业管理提出了严峻挑战。而2014年以来兴起的滴滴、专车、快车等网络打车软件也引起了出租汽车行业的大变革,加剧了行业矛盾。广大人民群众要求出租车行业改革的呼声越来越强烈。交通运输部高度重视出租汽车行业发展,在2015年10月发布了《关于深化改革进一步推进出租汽车行业健康发展的指导意见(征求意见稿)》《网络预约出租汽车经营服务管理暂行办法(征求意见稿)》,向社会各界广泛征求出租汽车行业改革意见。全国性的出租汽车行业改革呼之欲出。在上述背景下,为了推动常州市出租汽车行业健康稳定发展,为后续行业改革提供强有力的理论支撑,课题组开展了本项研究。

项目合作　协作应用

针对出租车改革这一社会焦点问题，以及当前城市打车难、难打车等问题，课题组与地方交通主管部门协作开展应用性研究，以满足人民群众对智能出行、快捷交通等方面的需求。在常州市哲学社会科学界联合会的支持下，课题组联合常州工学院优势科研资源和常州市交通运输局强有力的行政力量，在省内外城市调研、专题研讨会、座谈会、相关数据提供方面的合作得到充分体现。该课题实施时间虽然根据课题管理要求仅有8个月，但从研究开始，研究双方就一直保持较为良好的合作关系，双方会根据当前出租车行业出现的新形势、新问题展开讨论，就相关问题开展项目合作与研究。该课题的研究领域属于社会公共领域，特别是公共交通运输领域，研究成果丰硕，包括研究报告、政策法规建议稿、风险评估报告等，获得了江苏省哲学社会科学界联合会项目支持，并获得"江苏省哲学社会科学界联合会精品工程奖"二等奖等，有力地支撑了常州市出租车行业改革政策法规。

2016年4月，在常州市哲学社会科学界联合会的支持下，常州工学院的王建明、谢金楼课题组与常州市交通运输局成功申报常州市哲学社会科学界联合会2016年度三方联合攻关课题"新常态下常州市出租车行业对策"（编号：CZSKL-2016-05）。按照项目研究计划，课题组于2016年6月1日召开课题开题报告会，并组建课题QQ群和微信交流群。随后课题组成员通过各个平台对市内外出租车驾驶员进行了随机访谈，并对常州市出租车发展现状进行了总结，对市区近三年的出租车营运与服务质量数据进行了分析。7月初，课题组在常州市运输管理处的组织下召开了常州市市区驾驶员代表座谈会。7月下旬，课题组赴宁波市、绍兴市和苏州市开展调研。课题组还专门邀请常州市物价局综合法规处等部门开展联合专题研讨。8月，课题组召开苏南片区出租汽车行业管理工作研讨会。在上述研究的基础上，课题组在2016年8月至10月对前期研究进行了总结，撰写了《新常态下常州市出租汽车行业改革建议研究》《常州市网络预约出租汽车经营服务管理实施细则（试行）》，拟定了《关于积极稳妥推进常州市出租汽车行业改革的指导意见（征求意见稿）》

《常州市网络预约出租汽车经营服务管理实施细则（征求意见稿）》，并赴有关高校咨询业内专家学者，根据专家意见丰富和完善了研究成果。11月7日，课题组召开课题结项答辩会，顺利通过结项。

该项目就出租汽车行业涉及的有关理论和国家战略思想进行了深入剖析，认为我国出租汽车行业改革必须贯彻落实"五大"发展理念，深入推进出租汽车行业供给侧结构性调整，充分发挥出租汽车行业在实践共享经济中的重要作用。综合当前全国、江苏省及常州市出租汽车行业政策法规及当前经济社会发展背景，从发展历程、发展现状、运行情况和行业管理4个方面剖析了常州市出租汽车行业发展现状，并以此概括出常州市出租汽车行业面临的主要问题。继而，课题组通过赴杭州、宁波、绍兴、大连等地进行实地考察，与驾驶员代表座谈，对驾驶员进行随机访谈，召开苏南片区出租汽车管理改革研讨会等方式，从基本思路、基本方向、发展目标、基本原则等方面总结出新常态下深化常州市出租汽车行业改革的实现路径。

研究结果表明，出租汽车行业改革要坚持市场化、地方化、智能化、多样化方向，传统巡游出租车改革的主要内容包括运力、经营权、经营关系、承包金及运价结构，网约车要在数量管控、运价规则、车辆及驾驶员许可、规范私人小客车合乘等方面进行改革。提升出租车行业服务质量要从完善服务质量信誉考核、对驾驶员加强教育、建立行业准入与退出机制、加强移动互联技术应用等方面着手。另外，课题组提出了保障改革稳步推进的相关对策与建议。

三方协作　共创佳绩

该项目由三方联合攻关，常州市哲学社会科学界联合会负责搭平台，常州市交通运输局为出题方，常州工学院王建明、谢金楼课题组为应题方，三方协同发力，充分发挥高校人才和科研实力，高质量完成课题研究任务，并在本研究的基础上继续保持良好的合作关系。

研究成果为江苏省社会科学界联合会研究课题立项项目"智能大众出行背景下常州市出租汽车行业改革研究"（项目编号：16SYC-085）和2016年常州市社会科学界联合会联合攻关课题"新常态下常州市出租车行业对策"（编

号：CZSKL-2016-05）。研究成果"智能大众出行背景下我国出租汽车行业改革路径研究"荣获江苏省哲学社会科学界第十届学术大会优秀论文一等奖（编号：JSSKL2016 SN007）。常州市交通运输局领导认为，研究成果契合出租车改革年，成果研究与应用正好契合，课题研究遵循国家、江苏省、常州市有关行业政策，调研充分，论证翔实，符合常州市地方经济社会发展和出租汽车行业实际，研究成果在常州市出租车改革中得到较好应用，对常州市研究制定《关于积极稳妥推进我市出租汽车行业改革的通知》《常州市网络预约出租汽车经营服务管理实施细则（试行）》等政策文件提供有力支撑。

【高校】 常州工学院是一所全日制普通本科高校。学校设有19个教学单位、60个本科专业。学校坚持以人才培养为中心，围绕地方产业发展需求，持续优化专业结构，以一流专业建设为引领，以专业认证为抓手，以产教融合为路径，不断提升专业内涵建设质量。学校是国家"十三五"产教融合发展工程立项高校，拥有国家级大学生校外实践教育基地1个，省实验教学与实践教育中心10个。现有教育部首批国家现代产业学院1个，工信部"专精特新"产业学院1个，江苏省重点产业学院3个。学校围绕常州"532"发展战略和"新能源之都"建设，深化产教融合，坚持改革创新，精准务实地推进学校事业高质量发展，向着建成一流应用技术大学的目标不断迈进。

数据决策入佳境

——常州市城市建设（集团）有限公司

【公司】 常州市城市建设（集团）有限公司成立于2003年，隶属于常州市城乡建设局。公司的经营范围包括市政府授权范围内国有资产经营、管理，城市建设项目投资、经营、管理，政府授权范围内土地一级开发项目的投资、管理，城市开发建设项目及相关信息咨询服务。公司自成立以来，积极进行城市基础设施建设投融资，多途径、低成本融集项目建设资金，完成了长江路、青洋路、中吴大道、东方大道等20多条城市干道的建设。中吴大道等项目被评为江苏省市政优质工程。2006年，公司与上海城建（集团）公司合作，成立常州市单项道路工程融资额最大的BOT项目，全长近50千米的南北高架一、二期工程成为"三城联运、南北一体"的主动脉，开创了常州城市建设之先河。公司筹资完成快速公交系统一号线和二号线、江边污水厂、工业废弃物安全填埋场、奔牛机场航站楼改扩建等工程建设，提升了城市公用设施能力。

数据可视 决策更稳

云计算、大数据等信息技术的发展和应用，为融资平台的融资业务系统架构和融资数据分析架构提供了更先进的信息化手段。在构建市级政府融资平台系统的过程中，合理地运用云计算技术构建信息基础设施，以及融资数据的分布式存储架构，可以为融资业务激增对系统存储和负载扩大提供技术解决方案；同时，大数据技术和数据可视化技术的快速发展，可以为融资业务数据的处理、分析模型构建及呈现提供更先进的技术解决方案。使用云计算及大数据技术进一步研究融资数据从不同融资平台业务中产生、流动，在汇聚系统中汇聚、清洗，在分析系统中统一进行分析算法处理并借助可视化技术进行呈现，将是实现以数据为导向的市级政府融资数据平台研究的关键。

本项目的研究目的是为常州市各政府融资实体建立一个标准化的、数据导向的融资业务平台。该平台将采集自融资业务发生起的所有融资数据，并在不同的融资业务实体中安全流动；同时构建一个分级的融资数据分析平台，为各融资实体提供独立的融资数据分析系统，融资数据通过清洗、汇聚和挖掘，最终为政府债务监管单位常州市财政局提供一个可靠、实时的融资数据分析系统。

该项目根据融资数据的业务特点、运算特点及统计分析特点设计分层融资数据存储架构。使用云计算基础设施部署融资业务的应用系统和存储系统，使其应用环境、存储环境、计算环境具备动态迁移、横向扩展和资源实时调度能力，弥补目前债务系统缺乏自动运算体系、付息实时自动拆分运算、融资数据自动汇聚运算、融资数据实时统计分析运算等缺憾，取代目前金融系统普遍采用的数据统计模板，设计更适合使用者进行分析的融资统计分析模型。使用者将在一个界面上完成从全局到局部、局部到个体的融资数据分析。根据金融领域风险分析体系、风险评估体系设计符合融资数据特征和使用者需求的融资数据风险分析模型与融资风险预警体系，为常州市融资业务健康运行提供有力的数据支撑。统计数据、分析数据全部以可视化方式呈现，增强分析结果的可读性，节约使用者分析和决策的时间。

本项目最终可以为常州市政府、常州市财政局、各融资实体主管单位及融资实体城建集团的决策层进行快速融资决策和融资风险评估提供有力的分析工具，也将为常州市融资平台公司的管理模式升级和融资风险控制提供范本，为融资业务管理信息化、融资数据使用智能化提供解决范本，保障常州市融资业务有序、健康、持续、快速发展。

汇才聚智　事半功倍

常州市财政局、常州市城市建设（集团）有限公司和常州信息职业技术学院（网络与通信工程学院）联合成立常州市政府融资数据平台的项目团队。团队有核心成员13名，其中3名来自常州市财政局，4名来自常州市城市建设（集团）有限公司，6名来自常州信息职业技术学院。常州市财政局的人员主要负责融资业务数据的审核、报送及政府债务的监管；常州市城市建设（集团）有限公司的人员主要负责金融数据从产生到决策整个过程中的融资数据处理工作和融资业务工作；常州信息职业技术学院的人员主要负责软件架构设计、金融分析等。项目团队的成员包含高素质的金融领域专业人员、管理人员和科研人员，既具备很强的科研项目管理能力，又有丰富的研发经验和很强的科技服务能力，通过科学制定技术路线和实施计划，按步骤有序推进项目成功实施。

2014年9月至2016年12月，常州市城市建设（集团）有限公司作为常州市最大的政府融资实体，启动并实施了融资业务管理系统。该项目重点研究了常州市城市建设（集团）有限公司及其6家子公司的融资业务数据的产生、清洗、汇聚、数据分析算法设计和数据可视化呈现模型，并解决了融资工具自定义模板和付息自动模型构建等涉及业务数据运行的技术难点。目前产生的融资业务数据和分析数据已经对7家子公司和2个主管单位（常州市城乡建设局和常州市财政局）开放，也获得了主管单位的认可。该项目展现了单个融资实体的融资要素数据从业务系统中产生到分析结果呈现的全过程。目前，该系统已经对常州市城市建设（集团）有限公司及其7家子公司15年来的融资业务历史数据和未来20年的计划数据进行了采集、清洗和汇聚。

2017年，项目组完成分层数据存储方案设计、云计算基础设施部署方案设计、融资业务数据汇聚平台设计和实施、融资数据分析模型设计、算法设计。2018年，项目组完成了融资数据分析模型的代码实现、系统整合，以及融资数据分析的可视化呈现设计和实现。

科学融资　架构清晰

该项目研究开发的主要成果包括分层存储架构构建、表述性状态传递（REST）应用架构构建、融资大数据分析三个方面。

1. 分层存储架构构建

分层存储架构是数据架构的基础，主要解决各融资实体在加入融资数据后导致的融资数据量激增及分析数据获取方增多带来的系统存储结构横向扩展问题。基于海量融资数据设计的统计分析模型、风险分析模型及数据可视化系统将使系统存储和负载加剧，本项目研究使用分层存储架构来实现元数据、业务数据、统计和分析数据的独立存储，使用基于云计算基础设施的部署方式进行部署，使分层数据存储架构具备动态迁移能力、按需扩展能力、高容错能力和快速备份（还原）能力。

2. REST 应用架构构建

REST 应用架构是应用架构的基础，主要解决应用端与数据提供端的分离，使融资数据平台具备微服务能力，为应用环境应对需求变化、降低接入点增多带来的应用服务器负载提供一个基于 REST 模式的应用架构。

3. 融资大数据分析

融资大数据分析旨在研究现有各融资实体加入融资数据，以及统计层级由原有两级变为五级后，融资数据在平级实体间的横向流动及纵向汇聚和分析算法设计，构建目前海量（并仍在快速增长）关联融资数据在多层级多实体使用场景下的分析模型，充分挖掘融资数据的内在价值。

本项目实现基于云计算基础设施构建的分布式融资数据存储架构设计方案 1 套、实施方案 1 套；开发常州市融资数据统计子系统 1 个、融资数据分析子系统 1 个；开发主管单位（常州市城乡建设局、常州市财政局）需要的融资数据统计子系统 1 个、融资数据分析子系统 1 个；申报软件著作权 1 个，发表融资数据分析领域的论文 1 篇。

【高校】 常州信息职业技术学院隶属于江苏省工业和信息化厅，是全国首家、江苏唯一的信息类国家示范性高职院校，入选中国特色高水平高职学校建设单位、江苏省高水平高等职业院校建设单位，是国家示范性软件职业技术学院、国家软件与信息服务外包人才培养基地、国家高技能人才培养基地、国家自然科学基金依托单位、工信部中国工业互联网人才培养培训示范基地、教育部高职院校师资培训基地、教育部现代学徒制试点单位、国家级专业教学资源库（2 个）牵头单位、中国软件产教联盟执行理事长单位、中国–南非职业教育合作联盟中方理事会执行秘书处单位、教育部职业院校信息化教学指导委员会主任委员单位、长三角地区软件职教集团理事长单位，入选国家首批 1+X

证书制度试点院校和江苏省首批高职扩招试点院校。学校设有软件与大数据学院、网络空间安全学院、电子工程学院、数字经济学院、智能装备学院、数字创意学院、继续教育学院（产业工匠学院）、海外教育学院等8个二级学院及马克思主义学院、基础教学部、大学外语部、体育部等4个教学部。

第四篇

开放创新向全球

虚拟现实看天下

——中非（南）职业教育合作联盟、美国国家仪器有限公司

【公司】美国国家仪器有限公司（National Instruments，NI）帮助测试、控制、设计领域的工程师和科学家克服了从设计、产品原型到产品发布过程中所遇到的种种挑战。通过现成的软件如 LabVIEW（实验室虚拟仪器工程平台），以及高性价比的模块化硬件，帮助各领域的工程师不断创新，在缩短产品问世时间的同时有效降低开发成本。如今，NI 为遍布全球各地的 25 000 家不同的客户提供多种应用选择。NI 总部设于美国得克萨斯州的奥斯汀市，在 40 多个国家和地区设有分支机构，共拥有 5 000 多名员工。《财富》杂志连续 12 年将 NI 评选为全美最适合工作的 100 家公司之一。

【机构】2017 年 4 月，中国、南非两国建立高级别人文交流机制。为丰富机制内涵，推进与南非职业教育的合作，加强产教融合，促进中国职业院校和企业联手"走出去"，2018 年 1 月，教育部中外人文交流中心与南非高等教育和培训部工业和制造业培训署，以及中、南两国相关政府部门、院校、企业等 58 家单位在中国常州共同发起成立了"中国-南非职业教育合作联盟"。

联盟旨在搭建开放性平台，秉持共商、共建、共享理念，推动中、南职教合作，深化产教融合，创新技术技能人才培养模式，发挥教育培训在促进人文交流和经济发展、产业升级中的先导性、基础性与广泛性作用。

2019 年 11 月，为促进中国与非洲其他国家的职业教育合作和交流，助力"一带一路"建设和中非命运共同体构建，经联盟中方理事会研究决定，"中国-南非职业教育合作联盟"更名为"中非（南）职业教育合作联盟"。

虚拟现实　引领未来

NI 虚拟仪器工程创新中心（图 4-1）由 NI 与常州信息职业技术学院电子与电气工程学院于 2010 年 3 月合作建成，建筑面积 150 平方米，设备总投资 60 万元，旨在立足职业教育和地方行业、企业需求，为企业员工、院校师生等开展虚拟仪器技术的相关培训、科研、NI CLAD（LabVIEW 助理开发工程师认证）国际认证及科技创新活动等提供软硬件支撑及技术支持。中心自创建以来，在电子与电气工程学院及学校创新创业教育中心的共同努力下，为广大师生的科技创新活动与研究工作提供了有力支持，培养了一批杰出人才。另外，中心每年还为国内众多兄弟院校举办虚拟仪器技术师资培训。中心培养的特长生在历年 NI CLAD 国际认证考试、技能大赛、创新创业大赛、省级优秀毕业设计中屡获奖项。

图 4-1　NI 虚拟仪器工程创新中心

随着虚拟仪器技术的发展与应用的不断普及，中心原有的场地和设备已不能满足广大师生的科研创新需要，计划 5 年内在新建的智能工厂大楼中开辟新的场地，预计建筑面积将扩至 300 平方米，增加设备投资 120 万元，重新规划场地布局，将创新中心分为教学功能区、创新工作组、工业应用区三个区域，除继续发挥对高校师生的教学与科研创新工作的支撑作用外，还要发挥在对外企业员工的培训、社会认证、技术服务等方面的作用。

NI 虚拟仪器联合实验室（图 4-2）由 NI 与常州信息职业技术学院电子与电气工程学院合作共建。2017 年，浙江亚龙教育装备股份有限公司与常州信息职业技术学院签订了关于共同创建虚拟仪器技术领域"NI-亚龙工程创新中心"的协议，这是国内首个高职虚拟仪器工程创新中心。常州信息职业技术学院是全国高校 LabVIEW 俱乐部联盟中最早成立 LabVIEW 俱乐部（图 4-3）的高职院校。

图 4-2　虚拟仪器联合实验室

图 4-3　LabVIEW 俱乐部

虚拟仪器大赛捷报频传

全国虚拟仪器大赛始办于 2011 年，每两年举办一次，由中国仪器仪表学会、教育部高等学校仪器科学与技术教学指导委员会（简称"教指委"）主办，NI 协办，已成为全国工科类院校公认的虚拟仪器领域最权威、最具影响力的大学生科技创新竞赛。

2011 年，首届全国虚拟仪器大赛在清华大学成功落下帷幕，常州信息职业技术学院的"冥王星"代表队荣获大赛"泛华测控特别奖"和"大赛优秀作品奖"。

2011年，中国机器人大赛暨RoboCup公开赛举行，来自全国162所高校的近1 000支队伍参赛。常州信息职业技术学院的机器人特长生工作室学生组成的"腾信"代表队参加了机器人智能搬运项目的比赛，荣获智能搬运轮式舵机组冠军、创新创意小类别赛三等奖。

2013年，常州信息职业技术学院组织3支代表队参加江苏省第一届虚拟仪器竞赛，经过激烈角逐，荣获2个一等奖、1个三等奖。

2013年，常州信息职业技术学院组队参加第二届全国虚拟仪器大赛，作为唯一入围决赛的高职院校代表队，在与来自清华大学、上海交通大学、浙江大学等国内知名大学的研究生、本科生同台竞技时，表现出高职院校学生的良好风貌和竞技水平，共获得二等奖1项、三等奖2项。

2014年，常州信息职业技术学院组队参加第二届江苏省虚拟仪器竞赛决赛。常州信息职业技术学院获得了二等奖，是决赛获奖队伍中唯一的高职院校参赛队。

2015年，第三届全国虚拟仪器大赛决赛在哈尔滨工业大学举行，常州信息职业技术学院的两支代表队分别获得了软件组和综合PC平台组三等奖。作为入围决赛的80支队伍中唯一的高职院校代表队，常州信息职业技术学院代表队在与众多国内一流院校的本科生、研究生甚至博士生同台竞技时不畏强手，赛出了水平，展现了风采，同时也收获了自信。

2017年，第四届全国虚拟仪器大赛（VIContest）职业技能组赛项（图4-4）在常州信息职业技术学院举行。来自全国14所院校的23支代表队参加了大赛，另有2支南非特邀参赛队，经过一天的激烈比拼和紧锣密鼓的评审，最终该赛项产生一等奖2组4人，二等奖4组8人，三等奖6组12人。常州信息职业技术学院的2支代表队分别获一等奖、三等奖。

2017年，第四届全国虚拟仪器大赛总决赛在西安理工大学成功举办，常州信息职业技术学院代表队作为唯一入围决赛的高职院校代表队，在与本科院校的学生同台竞技时表现出色，在软件组、创意孵化组决赛中取得二等奖1项、三等奖1项。

图 4-4　第四届全国虚拟仪器大赛职业技能组赛项

师资培训与资格认证有口皆碑

2010 年，成功举办虚拟仪器应用工程师培训，来自全国各地的 17 名教师参加了此次培训。

2012 年，承办高职高专院校虚拟仪器师资培训项目。

2014 年，承办高等职业学校骨干教师国家级培训"西门子全集成自动化技术"项目中虚拟仪器应用技术培训。

2015 年，承办的中等职业学校教师企业培训、常州中职虚拟仪器培训受到参训教师的一致好评。

2017 年，成功举办虚拟仪器在电子信息和自动化领域应用师资培训班。此次培训由全国机械行指委自动化类教学指导委员会主办，常州信息职业技术学院和 NI 共同承办，浙江亚龙教育装备股份有限公司协办。培训班吸引了来自全国各地 22 所高等院校的 53 名教师参加。

2011年，第一期NI CLAD国际认证培训及考证举办，30名学生组成了CLAD强化培训班，常州信息职业技术学院有12名学生和6名教师顺利通过NI CLAD认证考试，获得了CLAD全球认证证书。

2012年，第二期NI CLAD国际认证培训及考证，28名学生组成了CLAD强化培训班，最终有20名学生顺利通过NI CLAD认证考试，获得了CLAD全球认证证书。

2014年，第三期NI CLAD国际认证培训及考证，22名学生组成了CLAD强化培训班，最终有19名学生顺利通过NI CLAD认证考试，获得了CLAD全球认证证书。

2015年，第四期NI CLAD国际认证培训及考证，27名学生组成了CLAD强化培训班，最终有20名学生顺利通过NI CLAD认证考试，获得了CLAD全球认证证书。

2016年，第五期NI CLAD国际认证培训及考证，63名学生组成了CLAD强化培训班，最终有7名学生顺利通过NI CLAD认证考试，获得了CLAD全球认证证书。

2017年，第六期NI CLAD国际认证培训及考证，30名学生组成了CLAD强化培训班，最终有23名学生顺利通过NI CLAD认证考试，获得了CLAD全球认证证书。

教育联盟助力"一带一路"建设和中非命运共同体构建

教育合作联盟自成立以来，相关工作已被纳入中南高级别人文交流机制教育领域成果和中非合作论坛北京峰会教育领域后续落实任务清单，承担着合作培养中南和中非技术技能人才的重要任务。

常州信息职业技术学院秉持交流、理解、合作、共赢精神，构建与国际高水平应用技术大学和国际知名企业合作网络，打造开放共享合作平台，以中国与南非的合作为契机，充分发挥学校作为联盟中方执行秘书处单位在"一带一路"职业教育合作中的桥梁和纽带作用，开展中国-南非产业合作与职业教育合作研究，携手华为、博众等中国企业开展境外办学，打造中国-南非职业教育合作特色品牌，提升中国特色高水平职业教育的国际影响力。

"鲁班工坊"为南非中资企业员工培训搭建良好平台

2019年12月，由常州信息职业技术学院牵头建设的南非"鲁班工坊"在南非工业制造业中心艾库鲁莱尼市西艾库鲁莱尼职业技术学院隆重揭牌。作为中国-南非职业教育合作联盟中方执行秘书处单位，常州信息职业技术学院积极响应国家"一带一路"倡议和《中非合作论坛——北京行动计划（2019—2021年）》"在非设立10个鲁班工坊，向非洲青年提供职业技能培训"的要求，与联盟南方执行秘书处单位、南非中国文化和国际教育交流中心，在中国教育部中外人文交流中心和南非高等教育与培训部工业和制造业培训署的共同指导下，秉承"共商、共建、共享"理念，积极整合两国优质校企资源，与苏州科茵斯智能科技有限公司、华为技术有限公司南非公司、南非西艾库鲁莱尼职业技术学院等单位合作共建南非"鲁班工坊"。"鲁班工坊"同时作为南非高等教育与培训部职教培训示范中心、艾库鲁莱尼市政府工匠人才培训基地、南非中国经贸协会员工培训中心和华为信息与通信技术（ICT）学院，聚焦智能制造和ICT领域，为南非培养本土技术技能人才，服务中、南企业发展，促进当地产业升级。南非"鲁班工坊"也将致力于创新"政—行—校—企"联动的工坊建设模式、"技术+人文"的人才培养模式、"线上+线下"的课程教学模式，不断深化产教合作，加强人文交流，建设教学标准，努力打造中、非职业合作教育品牌，为服务国家"一带一路"倡议、推动构建人类命运共同体贡献力量。

【高校】常州信息职业技术学院隶属于江苏省工业和信息化厅，是全国首家、江苏唯一的信息类国家示范性高职院校，入选中国特色高水平高职学校建设单位、江苏省高水平高等职业院校建设单位，是国家示范性软件职业技术学院、国家软件与信息服务外包人才培养基地、国家高技能人才培养基地、国家自然科学基金依托单位、工信部中国工业互联网人才培养培训示范基地、教育部高职院校师资培训基地、教育部现代学徒制试点单位、国家级专业教学资源库（2个）牵头单位、中国软件产教联盟执行理事长单位、中国-南非职业教育合作联盟中方理事会执行秘书处单位、教育部职业院校信息化教学指导委员会主任委员单位、长三角地区软件职教集团理事长单位，入选国家首批1+X证书制度试点院校和江苏省首批高职扩招试点院校。学校设有软件与大数据学院、网络空间安全学院、电子工程学院、数字经济学院、智能装备学院、数字创意学院、继续教育学院（产业工匠学院）、海外教育学院等8个二级学院及马克思主义学院、基础教学部、大学外语部、体育部等4个教学部。

国际合作走天下

——天合光能股份有限公司

【公司】 天合光能股份有限公司创立于1997年，现已成为全球领先的太阳能整体解决方案提供商，有先进印刷技术的研究基础，有能力对领先技术进行兼容性验证，并有充裕的配套设备进行项目化管理实验，致力于成为全球能源物联网的引领者。截至2017年年底，天合光能股份有限公司的组件累计出货量突破32吉瓦。天合光能股份有限公司以创新为首要的发展战略，建有首批获得科技部认定的国家重点实验室——光伏科学与技术国家重点实验室。天合光能股份有限公司的经营状况良好，在2017年实现营业收入264.25亿元，利润总额7.98亿元，资产总额358.61亿元。银行信用等级为AAA。根据全球权威机构柏亚天（PRTM）发布的全球光伏产业可持续发展指数，天合光能股份有限公司连续三年位居全球前两位、中国第一位。

合作项目 力推前行

基于"光伏电池金属电极激光转印系统印刷线技术"（Pattern Transfer Print Technology，PTP）及对应设备集成系统研究，以色列Utilight公司选择天合光能股份有限公司作为国内唯一的技术合作方，利用双方的资源优势，进行新一代丝网印刷技术的产业化推广。

自2013年至今，在江苏省科技厅和常州市科技局的关心与支持下，天合光能股份有限公司积极开展与Utilight公司的合作，研发激光转印精细金属化技术，进行高效光伏电池产品的关键技术研发，并共同承担了三项江苏省国际科技合作计划项目：光伏电池金属电极激光转印系统印刷线技术合作开发项目

(项目编号：BZ2013002)、新型选择性发射极（SE）窄线掩膜对准印刷技术（项目编号：BZ2014004)、结合新型浆料与转印设备提升电池转化效率的技术研发（项目编号：BZ2016051)。其中，2项已顺利通过江苏省科技厅验收，1项在按计划执行中。

快速升级　降低成本

在利用天合光能股份有限公司的先进印刷技术的研究基础及Utilight公司的激光印刷创新技术的优势的基础上，双方经过3个阶段的合作，通过对PTP关键技术展开研究，攻克了电池表面电极接触性能差的重大技术难题，实现了栅线的无接触式印刷；首创设计了新型细栅线图形，开发了选择性发射极窄线掩膜PTP对准技术，实现产线前后的无缝对接；并针对PTP技术开发出专用浆料，使电池正面银浆用量降低了35%以上，大幅降低了银浆使用成本，同时提升了电池转换效率。

1. PTP激光转印技术

PTP激光转印技术是一种先进的3D非接触式金属电极印刷技术，可实现栅线的无接触式印刷，降低电池片的碎片率，显著提高电池片的产出良率。使用特制硬质塑料卷带作为栅线图案载体，在其上刻制若干个细槽组成栅线图案。利用刮涂方式先将浆料填充到所有的槽中，再将填满浆料的卷带输送到电池片正上方，利用机器视觉定位技术和激光扫描控制路径，把浆料精准打到硅片上，以非接触的方式完成栅线的激光转印。根据理论模型及关键模块设计，成功研发了PTP设备（图4-5）。

在PTP金属电极印刷中，设计开发了新型栅线图案，主栅采用等距间断性的镂空设

图4-5　PTP设备

计，使镂空面积达到35%左右，可节省35%的银浆料。镂空图形为正方形，其边长窄于主栅宽度，使主栅任何区域都与细栅充分接触，对电性能输出无显著影响。在主栅与细栅之间等距离增加细副主栅，可有效避免细栅断线造成的电流损失。主栅和细栅采用分离印刷方式，有利于优化主栅图形，并可根据需求为主、细栅选择不同类型的浆料，在保持电池性能的同时，降低栅线印刷成本。

2. 新型SE窄线掩膜对准印刷技术

（1）SE窄线掩膜线设计。SE掩膜线通常是在进行SE清洗刻蚀前制作形成的，其主要目的是防止掩膜区域被刻蚀。SE窄线掩膜工艺的关键在于线宽的控制，将掩膜线宽度进一步缩小，可有效增加高阻区域的面积，更好地提升SE工艺水平。

针对传统SE工艺的技术瓶颈，合作双方设计了窄线掩膜工艺，使SE掩膜线条宽度缩小到100微米以内，增加8%的高阻区域面积。在金属栅线宽度达到30~35微米时，掩膜线根数可设计为120~130根，宽度为100微米。该新型设计工艺极大地发挥了SE工艺的技术潜能，减少了由于低阻区域面积过大造成的载流子复合损失，可提高常规SE工艺的转换效率。

（2）SE窄线掩膜对准印刷技术开发。高精度SE掩膜图形对准印刷技术的关键是开发SE掩膜对准模块，并在掩膜图形上套印细金属栅线。项目设计制造了SE掩膜线高精度对准捕捉装置，包含5组红外对位相机，覆盖电池片表面的不同特征区域，可有效捕捉掩膜线位置。该装置能够对低对比度的SE线条进行精确成像，进而对图像进行运算处理，确定电池片上SE图形的准确位置，识别精度达到15微米。

新型SE窄线掩膜对准印刷技术是一种先进的窄线SE电极印刷技术，利用PTP技术在掩膜图案上印刷细金属栅线，大大提高了SE电池工艺的技术水平。并可在对现有产线设备、工艺流程和产线消耗品不做改变的情况下，对现有SE技术进行快速升级，降低制造成本。

3. 新型浆料技术研发

与Utilight公司合作开发和优化新型PTP激光转印SE设备，并开发配合SE技术的新型金属银浆料，在PTP设备的基础上进行关键技术的研究，进一步提高SE技术水平。

天合光能股份有限公司与三星、贺利氏合作，结合 PTP 设备及现有的 SE 技术开发出新型专用浆料，浆料具有良好的成型性，印刷后的流体变形量极小。目前浆料外观印刷良率大于 97%，基本无虚印、缺印等，断栅比例被控制在 1% 以内，保证顺畅输出产生的电流。激光转印设备已插入 50 兆瓦的丝网印刷线进行调试和试运行，目前调试的结果显示，可以使电池效率提高 0.05% 以上。

突破性专利技术　促进产业化进程

在项目实施过程中，天合光能股份有限公司与 Utilight 公司开展了广泛的交流，合理分工，紧密合作。Utilight 公司主要负责设备技术细节方面的开发研究，并根据天合光能股份有限公司的产线合理调整设备模块；天合光能股份有限公司负责工艺研究，并结合设备情况进行工艺调试。双方通过不断探索和研究，成功开发了稳定可靠的 PTP 设备及对应模块，研发的 PTP 激光转印技术金属材料利用率高，并且比丝网印刷拥有更高的精度，可以打印更细的栅线（最细可达 10 微米）。因此，即使是使用标准工业浆料，PTP 激光转印技术也可以有效提升光伏电池转换效率，保持电池的耐久性和可存储性。

Utilight 公司根据项目开发进展定期与天合光能股份有限公司进行阶段性工作总结交流及后续工作计划的讨论；通过召开视频电话会议或人员到访的方式，双方对项目中的一些技术难点或关键问题开展研究探讨，这对项目的顺利开展起到了促进作用。

本项目成功开发的 PTP 激光转印技术可直接应用于光伏电池制造企业，在对现有电池生产线改动很小的情况下可实现在线技术升级，投入小，技术提升快，具有较好的产出效益。PTP 激光转印技术可实现主副栅线分离印刷，减少电池片表面的遮光面积，提高光伏电池的转换效率。通过对主栅网版的不断优化设计，减少主栅的浆料使用量，同时在印刷主栅时可独立使用价格较为低廉的银浆料，总体可节省浆料消耗成本 35% 以上。还可以使用更薄的晶元，避免晶元断裂带来的损耗，从而大幅度降低光伏电池的生产成本。PTP 激光转印技术在提高电池片输出效率的同时，可间接降低光伏电池的制造成本，助推光伏行业的快速发展。

另外，激光转印技术也易于和其他新工艺技术叠加，如 SE 工艺技术、背钝化电池技术、多主栅工艺技术等，因此具有较好的应用前景。天合光能股份有限公司在完善设备和技术的同时，也加快产品线推广应用步伐，促进产品线设备升级，有效降低生产成本，提升光伏制造水平和产品性能。

本项目在实施期内，联合培养河海大学硕士研究生 10 余人，分别从技术理论模型分析、设备关键创新技术探索、PTP 设备与产线的整合对接技术研究等方面开展课题研究。项目的产业化实施，在给企业带来经济效益的同时也解决了一部分社会就业问题。

本项目形成了行业内突破性的专利技术，升级了传统电池片制造线的技术水平，并大幅降低了电池片的制造成本，加快了我国高效晶硅电池的产业化进程。通过与国外高技术企业合作，高效晶硅电池关键设备达到了国际领先水平，摆脱了国外公司对市场与技术的垄断，并进一步提高了中国光伏产业在国际市场的地位和核心竞争力，同时对推动我国光伏产业关键装备制造业和晶硅电池制造技术的发展具有十分重要的意义。

【企业】 以色列 Utilight 公司成立于 2008 年，是一家以技术创新为发展导向，致力于为光伏企业提供解决方案的高科技创新型公司。公司在设备技术创新方面具有很强的实力，有专业的研发团队，在激光印刷方面开发出创新性技术，并在设备硬件、控制系统设计及相应材料等方面有领先的技术专利保护。公司的团队成员在半导体、设备开发和光学系统方面都有着十分丰富的经验，并专注于非接触式 3D 激光打印技术的研发。该公司研发的 PTP 新型生产技术可用于晶体硅太阳能电池的批量生产，目前其技术的基础专利已在美国、欧盟和中国获得批准。

携手跨国闯天下

——江苏佳尔科药业集团股份有限公司

【公司】 江苏佳尔科药业集团股份有限公司是专门从事甾体类药物及中间体研发、生产和销售的生物医药企业。公司的主导产品为孕酮、孕烯羧酸内酯、去氢表雄酮、醋酸去氢表雄酮、睾酮、孕烯醇酮等，98%以上的产品出口到美国、欧洲、东南亚等国家和地区。年出口总量位居甾体医药行业前列，特别是孕酮产品的出口量占全国出口总量的30%以上。公司在国际市场享有较高的声誉。2001年，公司在国内同行中率先实施GMP体系认证，建立和执行《药品生产质量管理规范》（简称GMP），保证了公司产品生产和质量管理在业内处于领先地位，也为同行的GMP体系的建立和管理起到了标杆作用。公司于2003年通过了ISO14001环境管理体系认证，2010年通过了GB/T28001职业健康安全管理体系认证。2010年，公司的孕酮产品通过了GMP再认证，并获得了欧盟COS证书；2011年，公司的PA产品通过了美国FDA的现场检查；2015年，公司通过日本PMDA（独立行政法人医药品医疗器械综合机构）的现场检查；2017年，公司通过墨西哥官方的现场检查。

携手研发　加强创新

孕烯羧酸内酯是一种重要的甾体药物中间体，可以用于制备利尿药螺内酯、抗高血压药依普利酮等。江苏佳尔科药业集团股份有限公司是国内唯一的孕烯羧酸内酯制造商，该医药中间体是专门为国外厂商加工定制的。江苏佳尔科药业集团股份有限公司原来自行开发了一条合成工艺路线生产该产品，年销量达到 40 吨左右，产品质量得到客户的认可。但是在该产品的生产过程中，通过第二步环氧化反应工序得到的产物粗品含量偏低，异构体杂质较大，总杂质偏高，导致最终孕烯羧酸内酯收率偏低，成本偏高。针对该问题，2013 年江苏佳尔科药业集团股份有限公司与华东师范大学化学系仇文卫老师合作，希望对环氧化反应工序进行工艺改进，降低环氧物粗品中的杂质水平，提高粗品含量，从而实现提高整个产品收率、降低成本的目标。

项目研发中，首先对公司提供的原始生产工艺进行了重复，并对产品中的杂质谱进行了分析，然后从该步环氧化反应原理入手，对该步反应进行了实验设计，采用正交优化方法，对影响反应的不同相转移催化剂、不同的反应溶剂种类及不同强度的碱 3 个因素进行了正交优化试验，掌握了 3 个因素对环氧化反应的影响程度，筛选出了较优的反应溶剂种类及碱；再根据正交优化情况，再次对混合溶剂比例、反应温度等进行小试优化，考察了各个参数变化对反应速度、异构体及其他杂质产生水平的影响，最终选定在一定比例的 THF-DMSO 混合溶剂体系中，以叔丁醇钠为碱，以溴化三甲基硫醚为叶立德试剂在室温下进行环氧化反应时，环氧物粗品的纯度和收率均最好。通过小试实验数据对比，原工艺得到的环氧化物粗品含量为 93.5% 左右，异构体为 3.2% 左右，改进工艺后得到的环氧物粗品含量为 96.5% 左右，异构体为 2.5% 左右；精制后得到的氧桥物精品收率从原工艺的 95% 提高至 99% 以上，制成孕烯羧酸内酯后成品总收率提高了 2.5% 左右。

在完成小试工艺优化研究后，华东师范大学与江苏佳尔科药业集团股份有限公司工程中心进行了小试工艺交接，确认达到预期目标后，双方共同制定了放大方案，对该小试工艺进行了不同投料量的 3 批放大中试，并现场解决中试过程中出现的问题。中试完成后，车间根据中试总结，制订了试生产方案，按照生产规模进行了连续 4 批试生产。从结果来看，该工艺比较稳定，氧桥物质含量明显提高，达到预期质量要求；制成孕烯羧酸内酯成品后，单批收率从 92.5% 左右提高至 95.2% 左右，成品外标含量也从 93.0% 左右提高至 94.5% 左右。

改善模式　提升效益

合作双方将现有产品的生产实际问题作为切入点，通过产学研合作方式，结合合作双方各自的特点，有效分工，由高校研究解决具体技术问题，由企业提供原料、资金及中试生产场所，充分利用各自的优势，最终解决了企业的实际技术难题，并且在解决问题的过程中也为企业研发人员提供了学习机会。

该合作项目技术被应用到孕烯羧酸内酯生产中，按照目前每批投料155千克4AD（雄烯＝酮）计算，每批可以多得到约4千克孕烯羧酸内酯成品。按照目前每月投料30批计算，每月多得约120千克成品，全年可多得约1 440千克成品。按照市场均价1 360元/千克计算，每年可增加约196万元的收入。

【高校】　华东师范大学是由国家举办、教育部主管，教育部与上海市人民政府重点共建的综合性研究型大学。学校成立于1951年10月16日，是以大夏大学、光华大学为基础，在大夏大学原址上创办的。1959年，学校被确定为全国16所重点院校之一；1986年，学校被国务院批准成为设立研究生院的33所高等院校之一；1996年，学校被列入"211工程"国家重点建设大学行列。1997—1998年，上海幼儿师范高等专科学校、上海教育学院和上海第二教育学院等先后并入。2006年，教育部和上海市决定重点共建华东师范大学，学校进入国家"985工程"高校行列。2017年，学校进入国家"世界一流大学"建设高校A类行列，全面开启扎根中国大地建设一流大学的新征程。

志存高远跑天下

——常州市翰琪电机有限公司

【公司】常州市翰琪电机有限公司位于江苏省常州市横林镇西工业园，是一家集科研、开发、生产、销售为一体的专门生产电主轴系列产品的高科技企业。自成立以来，公司依托国际前沿技术，积极引进国外先进生产设备，重视人才培养与技术创新，拥有雄厚的技术力量和经验丰富的研发人员，并通过高层次技术培训，不断提高自身研发水平，增强自身研发实力。公司产品技术先进，工艺精良，结构合理，性能可靠，质量上乘，在国内外均享有良好的声誉。公司目前生产的GDZ、GDF、GDK、GDL、GDC五大系列高速电主轴的性能和质量均达到国际一流水平，每个系列的电主轴都申请了专利，并被评为高新技术产品。公司的销售网络遍布全国各地，产品还远销欧美等发达国家和地区。公司始终坚持"翰琪电机，志在全球"的经营宗旨，秉承"精心设计、优质高效、恪守信誉、创立名牌"的质量方针，倡导"求实创新、开拓进取"的企业精神。为了做强做大和进一步满足用户的需求，公司进一步规范企业管理，提升产品品质，致力于成为国际电机领域具有强大竞争力的品牌企业。

资源共享 合作共赢

产学研合作可实现科技图书文献信息服务、大型科学仪器设备等资源的共享，从而使企业、高校实现合作共赢。企业积极引进技术，提高了自身的创新能力，也加速了高校科技成果的转化与推广应用。本项目结合常州工学院的人才及技术优势和常州市翰琪电机有限公司的机械加工及测试场地优势，加快科技成果转化进程。虽然项目研发周期固定，但研究双方一直保持良好的合作关系。双方会根据企业出现的技术问题进行探讨，开展项目合作与研究。本项目研究属于智能制造领域，研究成果丰硕，包括研究报告、电主轴设计方案、控制方法等，为推动中小型机械制造企业向智能制造企业转型奠定了研究基础。

明察秋毫　追根溯源

国家自然科学基金项目"用于扩大主动磁悬浮系统稳定域的数字化非线性功率放大技术的研究"（项目编号：51175052）涉及磁悬浮电主轴本体的加工研究。课题组在对常州市生产电主轴的企业进行调研后，发现常州市翰琪电机有限公司的机械设备先进、加工技术领先，能够为课题提供机械本体的加工研究，弥补了实验室设备的不足。

图 4-6　建立常州工学院产学研合作基地

2016 年 6 月，根据常州市翰琪电机有限公司提出的设备改造要求和技术性能指标要求，双方签订了合作项目"高速磁悬浮电主轴的研发"，并建立了常州工学院产学研合作基地（图 4-6）。随后课题组成员探讨合作项目的设计方案，明确每人的具体分工。

2017 年 3 月，双方合作申请了实用新型专利"一种智能化磁悬浮电主轴装置"，申请了发明专利"一种智能化磁悬浮电主轴的控制方法及其装置"（图 4-7）。

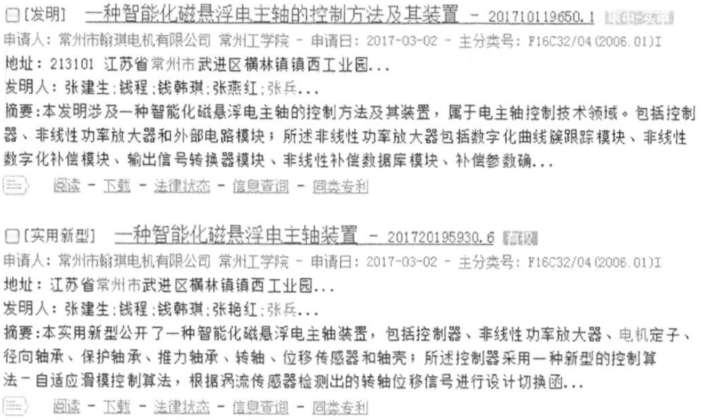
□[发明] 一种智能化磁悬浮电主轴的控制方法及其装置 - 201710119650.1
申请人：常州市翰琪电机有限公司 常州工学院 - 申请日：2017-03-02 - 主分类号：F16C32/04(2006.01)I
地址：213101 江苏省常州市武进区横林镇镇西工业园...
发明人：张建生;钱程;钱韩琪;张燕红;张兵...
摘要:本发明涉及一种智能化磁悬浮电主轴的控制方法及其装置，属于电主轴控制技术领域。包括控制器、非线性功率放大器和外部电路模块；所述非线性功率放大器包括数字化曲线簇跟踪模块、非线性数字化补偿模块、输出信号转换器模块、非线性补偿数据库模块、补偿参数确...
阅读 - 下载 - 法律状态 - 信息查询 - 同类专利

□[实用新型] 一种智能化磁悬浮电主轴装置 - 201720195930.6
申请人：常州市翰琪电机有限公司 常州工学院 - 申请日：2017-03-02 - 主分类号：F16C32/04(2006.01)I
地址：江苏省常州市武进区横林镇镇西工业园...
发明人：张建生;钱程;钱韩琪;张艳红;张兵...
摘要:本实用新型公开了一种智能化磁悬浮电主轴装置，包括控制器、非线性功率放大器、电机定子、径向轴承、保护轴承、推力轴承、转轴、位移传感器和轴壳；所述控制器采用一种新型的控制算法－自适应滑模控制算法，根据涡流传感器检测出的转轴位移信号进行设计切换函...
阅读 - 下载 - 法律状态 - 信息查询 - 同类专利

图 4-7　双方合作申请的专利

2017 年 8 月，常州市翰琪电机有限公司与常州工学院签订合作项目“宽稳定域的主动磁悬浮电主轴的关键技术及研发”。

2017 年 9 月，常州市翰琪电机有限公司与常州工学院联合申报成立江苏省高能高效超声波电主轴工程技术研究中心。

2018 年 5 月，常州工学院帮助常州市翰琪电机有限公司联系南通大学，并申报江苏省研究生工作站。

2018 年 10 月，常州市翰琪电机有限公司代表与南通大学姜平副院长等人商谈研究生工作站相关事宜。

进行产学研合作始终是常州工学院的办学特色之一。江苏省常州地区有众多中小型企业，但整体上创新能力不足，企业研发机构少，研发支出占企业销售收入的比例极低，而且只有极少数企业拥有自主知识产权。常州工学院则具备比较充足的技术条件和发展潜力，并有源源不断的创新成果涌现。

进行产学研合作，建设以企业为导向的技术研发体系，能加快从技术到产品的转化。其核心是实现大学和企业的科学分工，充分发挥各自的优势。常州工学院力争实现技术原创，研制原理样机，跟踪国外先进技术发展趋势。同时在对企业的科研项目进行归纳、提升、理论阐述等方面，以及在联合企业申报和承担国家科研项目方面具有成熟经验。而企业的优势在于与市场、用户结合得非常紧密，可以正确把握数控系统研究开发的方向。另外，企业具备良好的产品中试、工程实施条件。但应清醒地看到，对于一些日新月异、发展很快的前沿科学技术而言，如果企业不依赖高校加快建立较强的、独立的技术创新体系，就会长期停滞在原有技术上，不仅无法满足市场需求，而且很可能因缺乏产品竞争力而被市场淘汰，导致发展受挫。

为建立良好的产学研合作模式，解决高校和企业合作中的矛盾，实现双方的科学分工，常州工学院专门成立了协同创新办公室和产学研工作办公室（正处级），其主要职能包括产业化（成果转化、产学研合作）项目策划、组织、申报等；组织横向科技项目的联合攻关，负责各类横向科研项目的合同审核、签订、结题等；处理校企科技合作合同纠纷等，并协调学校和企业合作的相关事宜。在此基础上建立了一整套合理、规范的管理制度。

百举百全　立竿见影

常州工学院与常州市翰琪电机有限公司主要采取以企业为导向的一体化产学研合作模式。常州市翰琪电机有限公司是产学研合作中最具活力和最为关键的一环。它既是市场主体，又是技术创新主体，还是整个产学研合作过程中创新成果的主要应用者，以及成果转化的有效载体。这种合作利用常州工学院在人才、技术、信息等方面的优势及企业拥有的资金优势，针对常州市翰琪电机有限公司的技术需求，实现自主创新和关键技术的突破，再由常州市翰琪电机有限公司将技术成果进行产品化、市场化。常州市翰琪电机有限公司提出磁悬浮电主轴的具体技术指标要求、设计要求和工作指标，提供实验场地，并提供技术开发的必要资金，用于常州工学院在开发研究过程中购置设备、器材、资料等。项目开发结束后，由常州工学院为常州市翰琪电机有限公司提供技术指导和人员培训，以及与项目开发成果相关的技术服务。

该产学研合作项目产生了如下效益：

（1）本次合作保质保量地完成了2016年合作项目"高速磁悬浮电主轴的研发"和2017年合作项目"宽稳定域的主动磁悬浮电主轴的关键技术及研发"，取得了阶段性成果。

（2）研究成果"智能化磁悬浮电主轴的研究与开发"荣获江苏省教育教学与研究成果奖高校自然科学研究类二等奖（图4-8）。

（3）2018年常州市翰琪电机有限公司获批江苏省研究生工作站（工作站

编号：2018_241）（图4-9）。

（4）张燕红获批2018年江苏省"双创计划"科技副总入选对象（图4-10）。

省教育厅关于公布2018年江苏省教育教学与研究成果奖（研究类）获奖项目名单的通知

发布日期：2018-08-14 10:30　　来源：人事处　　浏览次数：6233次　　字体：[大 中 小]

苏教人〔2018〕10号

各市教育局，昆山市、泰兴市、沭阳县教育局，各高等学校：

根据《江苏省教育科学研究成果奖评选表彰办法》《省教育厅关于开展2018年江苏省教育科学研究成果奖评选表彰工作的通知》（苏教人函〔2018〕4号）和创建达标评比表彰工作协调小组办公室批复，在学校和个人申报、所在市或高校推荐公示的基础上，经省教育科学研究成果奖评委会认真评选、公示、省教育厅审定，共有699项成果获2018年江苏省教育教学与研究成果奖（研究类）。其中，高校自然科学研究类：一等奖20项、二等奖60项、三等奖119项；高校哲学社会科学研究类：一等奖20项、二等奖80项、三等奖200项；教育研究类：一等奖20项、二等奖60项、三等奖120项。现予公布（详见附件）。

各地、各高校要大力宣传优秀获奖成果，积极推进成果转化，服务教育教学实践，服务经济社会发展，希望全省广大教育工作者抢抓新时代发展机遇，积极探索，科学研究，为推进教育事业和社会发展贡献更多智慧，产出更多优秀成果。

附件：1.江苏省教育教学与研究成果奖（研究类）获奖项目名单（高校自然科学研究类）.xls
　　　2.江苏省教育教学与研究成果奖（研究类）获奖项目名单（高校哲学社会科学研究类）.xls
　　　3.江苏省教育教学与研究成果奖（研究类）获奖项目名单（教育研究类）.xls

省教育厅
2018年8月10日

| 35 | 智能化磁悬浮电主轴的研究与开发 | 常州工学院、常州市翰琪电机有限公司 | 张燕红、朱磊裕、郑仲桥、张建生、张兵 |

图4-8　江苏省教育教学与研究成果奖获奖文件

关于公布2018年度江苏省研究生工作站优秀研究生工作站及示范基地名单的通知

发布日期：2018-07-12 15:11　　来源：研究生教育处（省学位委员会办公室）　　浏览次数：3101次　　字体：[大 中 小]

苏教研〔2018〕4号

各有关研究生培养单位：

根据《省教育厅办公室关于做好2018年江苏省研究生培养创新工程项目申报工作的通知》（苏教办研函〔2018〕3号）要求，在单位申报、高校推荐的基础上，经材料审查、专家评审、现场考查、社会公示、省教育厅省科技厅审定等程序，确定了2018年江苏省研究生工作站（附件1）、江苏省优秀研究生工作站（附件2）、江苏省优秀研究生工作站示范基地（附件3）名单，现予公布。

省教育厅对优秀研究生工作站每个给予经费奖补5万元，对优秀研究生工作站示范基地每个给予经费奖补30万元。优秀研究生工作站和优秀研究生工作站示范基地应深化产教融合，充分发挥引领示范作用，带动我省研究生工作站进一步深化校企合作、加强规范管理、提升服务效能，切实将研究生工作站建成卓有成效的研究生联合培养基地和产学研联合研发平台。

附件：1.2018年江苏省研究生工作站名单.docx
　　　2.2018年江苏省优秀研究生工作站名单.docx
　　　3.2018年江苏省优秀研究生工作站示范基地名单.docx

江苏省教育厅　　江苏省科技厅
2018年7月5日

| 2018_240 | 江苏互邦电力股份有限公司 | 南通大学 | 企业 |
| 2018_241 | 常州市翰琪电机有限公司 | 南通大学 | 企业 |

图4-9　江苏省研究生工作站获批文件

江苏省人才工作领导小组办公室
江苏省科学技术厅 文件

苏人才办〔2018〕21号

关于确定2018年江苏省"双创计划"
科技副总入选对象的通知

各设区市人才办、科技局，各有关单位：

经省人才办和省科技厅研究，确定潘旭海等1018人为2018年江苏省"双创计划"科技副总入选对象（名单附后）。请按照《关于组织申报2018年江苏省"双创计划"科技副总项目的通知》（苏人才办〔2018〕1号）、《江苏省高层次创新创业人才引进计划改革实施办法》（苏人才办〔2018〕5号）等有关文件精神，落实好各项支持举措。

希望科技副总认真履行岗位职责，积极服务企业创新，努力在开展产学研合作、推进技术需求研发、推进研发机构建设、推

— 1 —

| FZ20180406 | 常州市 | 张燕红 | 常州市翰琪电机有限公司 | 常州工学院 |

图4-10　2018年江苏省"双创计划"科技副总入选文件

【高校】　常州工学院是一所全日制普通本科高校。学校设有19个教学单位、60个本科专业。学校坚持以人才培养为中心，围绕地方产业发展需求，持续优化专业结构，以一流专业建设为引领，以专业认证为抓手，以产教融合为路径，不断提升专业内涵建设质量。学校是国家"十三五"产教融合发展工程立项高校，拥有国家级大学生校外实践教育基地1个，省实验教学与实践教育中心10个。现有教育部首批国家现代产业学院1个，工信部"专精特新"产业学院1个，江苏省重点产业学院3个。学校围绕常州"532"发展战略和"新能源之都"建设，深化产教融合，坚持改革创新，精准务实地推进学校事业高质量发展，向着建成一流应用技术大学的目标不断迈进。

技术为王康天下
——常州强力电子新材料股份有限公司

【公司】 常州强力电子新材料股份有限公司成立于2000年，是一家专门从事各类光刻胶专用电子化学品研发、生产和销售的高新技术企业。公司于2015年3月在深交所创业板上市。目前公司注册资本为5.15亿元，拥有员工1 000人，其中研发技术人员193人。公司的主要产品为各类光刻胶用光引发剂、光增感剂、光刻胶树脂及有机发光二极管（OLED）显示面板用关联产品等，主要应用于感光性干膜光刻胶、彩色/黑色光刻胶、半导体光刻胶等各类光刻胶领域，以及制作加工OLED显示器件领域。2021年上半年，公司完成销售额4.96亿元、净利润0.66亿元。

强源于心　力动于创

公司坚持"创新驱动发展"的理念，经过20多年的努力，已经形成了自身的核心技术，确立了在全球光刻胶专用高端光引发剂领域的领先地位。2019年，公司荣获国家工业和信息化部授予的"制造业单项冠军示范企业"证书，并曾两次荣获江苏省科学技术奖（2012年度和2016年度）。公司多次承担国家和江苏省的科技攻关项目，包括科技部重点研发计划项目和江苏省科技成果转化项目。截至2021年11月，公司累计申请国内外发明专利398项，其中已获国内外授权的达144项。

为更好地服务地方经济，促进"政、产、学、研"深入合作，在互惠互赢、优势互补的基础上，公司与高校进行紧密而长期的合作，加快科研成果转化为生产力的步伐。2012年，建设了江苏省强力电子新材料工程技术研究中心,整合外部各种创新要素和资源,建立了开放式的合作创新平台,提升整个研发系统的支撑和引领能力。公司先后与北京化工大学开展校企联盟合作,与常州大学、北京化工大学常州先进材料研究院合作运营强力-北化-常大新材料联合研究中心,与苏州大学共建苏州大学-常州强力电子新材料股份有限公司协同创新中心,与上海交通大学共建新型电子材料联合研究中心、高端PI材料联合研究中心。

致力于成为全球干膜光刻技术的引领者

用于加工印制线路板的感光性干膜光刻胶领域的光引发剂系列产品从2000年成功开发至今,已稳步发展成为全球市场占有率第一(市场份额65%)、产品种类最为齐全、性能最为优越的系列产品。该系列产品被全球所有生产干膜光刻胶的公司采用,为全球干膜光刻胶的技术进步和产品更新换代提供了借鉴。

用于加工液晶面板关键部品彩色滤光片的彩色/黑色光刻胶领域的高感度肟酯类光引发剂系列产品,成功打破了跨国公司对彩色/黑色光刻胶用途高感度光引发剂技术和产品的独家垄断,为我国平板显示行业光刻胶国产化打下了坚实的知识产权、技术和产品基础,避免了我国平板显示光刻胶企业因相关知识产权而被跨国公司封锁,从而不得不花高价采购跨国公司的高感度光引发剂来生产光刻胶产品,从而导致竞争力低下的不利局面。该系列产品从2009年成功开发至今,也已发展成为全球市场占有率第一(市场份额50%)、产品种类最为齐全、性能最为优越的系列产品,为液晶显示面板高解像和高色彩还原等关键性能的研发做出了一定的贡献。

公司成功掌握用于KrF、ArF、感光性聚酰亚胺等先端半导体光刻胶用途的光致产酸剂和肟酯类光引发剂等系列产品的生产和品控管理技术,产品已成功进入日本半导体光刻胶主要生产领域并获得好评。

公司研发并掌握了三类光刻胶(干膜光刻胶、彩色/黑色光刻胶、半导体光刻胶)用途的关键原材料的多项核心技术,包括根据各类光刻胶实际使用需求设计特殊的光引发剂技术、光刻胶树脂的分子量大小及分布管控技术、超纯处理技术、金属离子含量分析技术等。

【高校】 常州大学是江苏省人民政府与中国石油天然气集团有限公司、中国石油化工集团有限公司及中国海洋石油集团有限公司共建的省属全日制本科院校。学校学科门类较为齐全，学科特色较为鲜明，涵盖工学、理学、管理学、经济学、文学、法学、艺术学、医学、农学、教育学等十大学科门类。现有一级学科博士学位授权点2个、一级学科硕士学位授权点15个、专业硕士学位授权点17个。拥有省优势学科2个、省"十四五"重点学科8个，化学、材料科学、工程学3个学科进入全球ESI学科排名前1%。

北京化工大学常州先进材料研究院是北京化工大学、常州科教城共同出资设立的科技型事业单位，成立于2008年，主要从事功能高分子材料、高性能纤维及纤维增强型复合材料、生物材料等方向的科学研究及人才培养。经过多年的发展，研究院已成为集专业技术研发、公共技术服务、高新技术企业孵化、高层次人才引进及培养、研究生教育、青年教师实习实践、企业科技人员培养于一体的综合性研究机构。研究院现有创新型科研团队8支、研发人员100余人、在读研究生60人/届。现建有江苏省产业技术研究院碳纤维及复合材料研究所、江苏省重大创新载体、江苏省中小企业公共技术服务示范平台等10个公共服务平台。拥有国家杰出青年基金获得者1人、江苏省重大创新团队2支、江苏省双创人才7人。研究院与本地区500余家企业建立合作关系，与企业成立联合研究机构70余个，每年为本地区企业提供各类技术服务300余项（次）。

第五篇

机制创新强产业

远程系统眺万里

——常州安控电器成套设备有限公司

【公司】 常州安控电器成套设备有限公司是较早在电气自动化设备、变频节能设备、远程物联网控制系统领域集研发、生产、制造、销售、售后服务于一体的专业厂家。2013年,公司获得国家高新技术企业认定和工信部"双软"企业认定,并通过ISO9001质量管理体系认证和ISO14001环境管理体系认证。公司以高素质的人才、高品质的产品和高效率的专业技术服务,融合国内外先进的管理思想和经验,构建有序、高效的管理体系,培育和谐、创新的企业文化,以"科技创新、共谋发展"的企业精神,信奉"质量第一、用户至上"的经营宗旨,致力于电气自动化、物联网技术及应用水平的提高,沿着创新型、产业化的道路,努力将自己打造成一流的高新技术企业。

放眼望未来 紧跟"物联"新时代

常州安控电器成套设备有限公司(以下简称"安控电器")紧跟国家产业结构调整的政策方向,抓住发展"互联网+制造"的大好时机,与各相关高校和科研院所建立紧密的合作关系,积极引进高端人才,凭借高素质的人才、高品质的产品和高效率的专业技术服务,努力将自己打造成一流的高科技企业。2012年,公司与江苏大学合作,共同组建了江苏大学物联网产学研基地。另外,公司还与南京邮电大学、河海大学、南京工业大学等多所国内知名院校建立了紧密的产学研合作关系,为公司发展远程物联网系统打下了技术研发基础。2012年,公司研发的"基于物联网的PLC(可编程逻辑控制器)控制设备监测管理系统"项目入选"龙城英才计划"优先培育对象;2013年,公司在第二届中国创新创业大赛中获得优秀企业称号；2015 年，公司研发的"支持移动互联的智能变频供水装置协同保障系统"入选"2015 年江苏省重点研发计划"支撑项目；2016 年，该项目产品进入市场，并成功得到运用和推广，为公司研发"智慧水务、远程运维管理、产业链资源整合"和协同发展提供了强有力的支撑。

掌控大数据　遥视新动态

随着业务的逐步发展和新市场对售后服务的要求越来越高，基于公司对设备实际情况的掌握和自身发展需要，常州安控电器成套设备有限公司规划建设设备远程运维系统，即常州安控远程运维系统（以下简称"监控平台"）。通过对支持主流 PLC（包括西门子 PLC 200、300、smart、1200 系列）的通信终端的开发，设计支持上述主流西门子 PLC 的通信模块和远程智能运维保障系统软件，以实现透传采集西门子 PLC 数据。具体来说，就是设计一种通信模块，可以远程实时采集数据，能够通过动态网页和手机软件查看分布式监控设备的实时运行状态，分析设备运行数据，预防性诊断设备运行故障，实现对监控设备的实时监控、信息共享与大数据分析运用。

该项目不仅适应了新市场的需求，而且适用领域广泛。① 集中管理安控电器所销售的电气设备，包括无负压供水设备、环保除尘控制柜、变频节能控制柜等，为客户提供完善的售后服务。② 集中管理安控电器工程项目，包括环保除尘项目、无负压供水项目等。③ 通过远程调试、诊断、分析、预警、维护、系统升级等手段，大大节约安控电器的售后维护成本。④ 为用户提供设备远程登录管理平台和增值服务，并且可以考虑将其作为一个收费服务，为安控电器带来收益。⑤ 通过对售出产品的质量统计和分析、能耗统计和分析，为企业产品的市场定位、产品质量、产品研发、产品服务等提供有力依据。⑥ 调整公司产业结构、转变增长方式、促进技术升级。设备远程维护不仅是安控电器提升产品质量、服务水平和各种综合能力的体现，也是新的经济增长点，更是安控电器提升公司形象的重要支撑。

软硬相结合　遥视新技术

监控平台包括软件平台与硬件设备两部分。软件平台主要负责硬件数据的收集、分析、校验与显示；硬件设备主要负责对具体设备的运行状态的数据采集和指令控制。硬件设备模块是平台直接与设备交互的部分，主要包括 PLC、传感器、智能设备、预警监控及数据传输中间件。PLC、传感器、智能设备主要用于直接对设备相关数据进行采集；预警监控是通过预警设备对预警数据进行预警；数据传输中间件将采集到的设备数据通过协议传给平台，并把平台数据或指令接收反馈到 PLC 或传感器等，同时下发控制指令。目前采集的数据主要包括预警数据、实时数据、检验数据。监控平台网络拓扑图如图 5-1 所示。

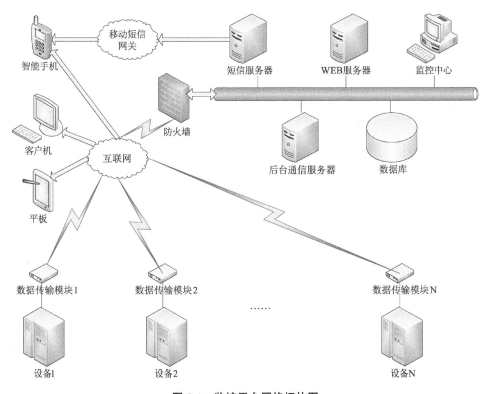

图 5-1　监控平台网络拓扑图

收放更自如　通信畅无阻

基本版的通信模块具有如下特征：① 具备 RJ45 口、485 口、GPRS 口；② 能够通过 485 口或者 RJ45 口采集西门子 PLC 200、300、smart 的实时数据；③ 能够通过 RJ45 口或 GPRS 口将采集的数据传至服务器端，并且服务器可以下发控制指令；④ 工作电压为 +5～+36 V；⑤ 模块的尺寸和外形可与西门子 PLC 的一致。

标准版的通信模块具有如下特征：① 具备 RJ45 口、485 口、GPRS 口；② 能够通过 485 口或者 RJ45 口采集西门子 PLC 200、300、smart 的实时数据；③ 能够通过 RJ45 口或 GPRS 口将采集的数据传至服务器端，并且服务器可以下发控制指令；④ 工作电压为 +5～+36 V；⑤ 模块断电后能自动发送断电信息；⑥ 模块的尺寸和外形可与西门子 PLC 的一致；⑦ 模块天线采用环形内置天线；⑧ 与服务器连接采用长连接的模式，通过心跳包维持链路，心跳包时间可设定。

【高校】 南京工业大学是江苏省重点建设高校，具有雄厚的科研实力。设有材料化学工程国家重点实验室、国家柔性电子材料与器件国际联合研究中心、国家生化工程技术研究中心、国家特种分离膜工程技术研究中心、国家热管技术研究推广中心、国家大学科技园、江苏先进生物与化学制造协同创新中心等国家级科研平台 7 个，省部级研究中心 33 个，省部级重点实验室 27 个。学校重视科学研究成果转化，主动将创新链对接产业链，推动产学研深入合作。"十三五"以来，承担了包括国家重点研发计划项目、国家科技支撑计划项目、国家自然科学基金项目在内的各级各类课题万余项，科技经费近 40 亿元，取得了一批高水平研究成果，为相关行业、江苏地方经济建设和社会发展作出了积极贡献。

机械与动力工程学院拥有国家热管技术推广中心以及江苏省过程强化与新能源装备技术重点实验室、江苏省工业装备数字制造及控制技术重点实验室、江苏省流程工业节能环保技术与装备工程实验室、江苏省极端承压装备设计与制造重点实验室、中石化南京设备失效分析与预防研究中心、中石化工程风险分析技术研究中心等省部级研究基地 7 个。

人才定制定乾坤

——江苏河海新能源股份有限公司

【公司】 江苏河海新能源股份有限公司成立于2000年,是依托高校科技优势创立的大型新能源利用与节能高科技公司。该公司致力于新能源开发、节能减排(BID)服务、合同能源管理(EMC)事业,是国内首批EMC示范会员企业、国内新能源EMC龙头企业。公司曾获得国家级建筑科技最高奖"詹天佑奖"2项,主持国家火炬计划1项、省部级科技支撑计划3项,参编省部级技术标准与行业规程、规范5部。

人才定制 互聘互兼

校企合作是提高高职教育质量、满足市场需要的必由之路,是现代企业能够持续发展、抢占市场的驱动力。2011年,江苏城乡建设职业学院设备工程学院与江苏河海新能源股份有限公司确立校企合作关系,共建校内外实习实训基地,开展"订单式"工学结合人才培养模式的试点研讨;2013年,校企共建建筑节能优化控制工程研究中心。通过订单培养、互建基地、协研课程、资源共享等方式,校企双方在基地建设、人才培养、员工培训、师资培训、项目研究等方面开展广泛、深入的合作,积极推进合作办学、合作育人、合作就业、合作发展的协同共赢产学研合作模式(图5-2)。

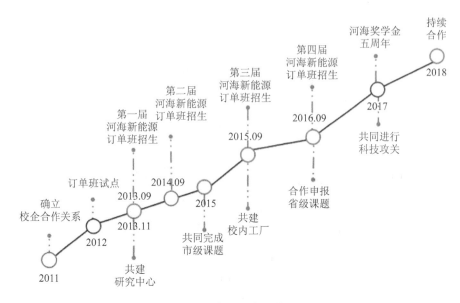

图 5-2 产学研合作模式

2013 年 5 月,学校成功申报建筑电气工程技术(新能源方向)专业,采取订单培养的方式,为企业提供优质人才,并于同年 9 月迎来了第一届"河海新能源订单班"新生(图 5-3)。订单班的成立不仅在学校建立了一个稳定的实训基地,而且解决了毕业生就业问题。学生毕业后可去江苏河海新能源股份有限公司从事技术开发、后期维护管理、售后技术服务、施工管理等工作。

图 5-3 2013 级河海新能源订单班开班典礼

从 2012 年 9 月起，为满足企业对人才的迫切需求，江苏城乡建设职业学院设备工程学院开始进行"订单班"试点教学（图 5-4），根据企业对人才的具体需求，量身定制课程表，由系部专业教师与公司工作人员共同组建教学团队。公司的技术、人事、工程和管理等部门的各类人员分批来校授课，提升学生的学习兴趣，提高教学质量，让学生提前了解工作岗位，为以后就业打下基础。学校派老师到企业进行挂职锻炼，参与企业项目，为企业员工进行专业培训和指导。

图 5-4 "订单班"试点教学现场

智能建设 奋力前行

企业与学校相互渗透，形成"共建、共享、共赢、共长"的新机制。校企双方于 2013 年 11 月 20 日共建建筑节能优化控制工程研究中心（图 5-5），主要进行土壤源热泵系统、区域能源规划、太阳能利用及绿色照明技术、智能建筑与智慧城市方面的研究。现已成立"土壤源热泵小组""区域能源规划小组""太阳能及绿色照明小组""智能建筑与智慧城市小组"4 个团队，团队由系部教师和企业技术人员共同组成。团队已经完成课题 2 项，在国家级刊物发表论文10篇。

图 5-5　建筑节能优化控制工程研究中心考察现场

在"订单式"培养人才的过程中，企业与学校的合作日渐深入，校企共建校内工厂和就业基地。2015年6月，在学校老师和公司员工（设备工程学院2009级毕业生）的指导下，学生利用课余时间完成首批动力柜和PLC柜的装配，并将其应用于江苏河海新能源股份有限公司实验室的配电房中（图5-6）。

图 5-6　学生工作现场

江苏河海新能源股份有限公司承担了学校地源热泵能源站的设计与建设工作，并对其进行维护和管理，为校内建筑供冷、供热，并提供部分生活热水。能源站为学生提供了优质的教学和实训基地。公司派专业人员为师生进行讲解、演示及运营管理培训等,让师生对电气、暖通、给排水等方面的各类管线有一个直观认识,对能源站的工作原理、运行维护有所了解,为学生走上工作岗位从事具体施工和管理工作提供宝贵的经验,并为绿色校园建设助力。

产学研合作　硕果累累

经过多年校企合作,企业与学校协同发展,取得了一定成效,社会效益、经济效益和生态效益良好。

校企共建绿色校园,建设和管理能源站,不仅为校园建筑供冷、供热,而且提供生活热水,还可将能源站作为优质教学和实训场所;采用清洁能源,节能环保,经过科学管理和运行,校园建筑能耗水平低于国内同类院校;接待参观者多达1万人次,获得了良好的社会效益和经济效益。

在绿色校园建设过程中,企业人员与学校教师共同攻关,为建设节约型校园共同努力。入驻新校区4年来,每年可节约1 382.92吨标准煤,减排二氧化碳3 623.25吨,减排二氧化硫11.75吨,减排氮氧化合物10.23吨。学院每年可节约能源经费约292.75万元。同时,学校教师也积极参与企业工作,为工程项目的设计和施工方案献计献策。公司已完成贵阳未来方舟江水源热泵项目(1 600万平方米)、长沙先导新区江水源热泵项目(1 500万平方米)、国家会展中心分布式能源站项目(300万平方米)等国家节能示范重点项目。

企业兼职教师到校授课,拓宽了学生的知识面,锻炼了学生的实践能力,提高了学校的人才培养质量。建筑智能化工程专业学生先后获得国家级、省级比赛奖项10余项。企业接收40余名学生顶岗实习并提供就业岗位。无论是留在企业还是实习后去往其他企业的毕业生,均获得了用人单位的一致好评。

几年来,校企合作已经取得了丰硕的研究成果,先后完成了"基于大系统理论的混合式土壤源热泵空调系统全局节能优化控制""常州地区土壤源热泵系统地温恢复特性研究""低成本绿色校园适宜技术体系研究"等院、市、省级课题及科技项目研究,发表论文若干篇,为绿色校园的低成本运行提供了有力的理论依据和技术支撑。

【高校】 江苏城乡建设职业学院是一所隶属于江苏省住房和城乡建设厅省属专科（高职）层次普通高等学院，是江苏省中国特色高水平高职学校建设单位。学院是国家和江苏省建设行业技能型紧缺人才培养培训基地，设有建筑艺术、土木工程、管理工程、公用事业、设备工程5个二级学院，思政部（马克思主义学院）、体育部、基础部3个教学部，共有在校生近12 000人。学院在产教融合上积极探索，实现校企"双元"育人。集聚行业协会、特级资质企业、龙头企业和知名企业，建成实习和就业基地389家，深度合作企业20家，大师工作室10个，现代学徒制项目覆盖专业17个，订单培养专业14个，搭建省级装配式建筑技术产教融合集成平台1个，是全国首批"1+X"证书制度试点院校。

设备工程学院设有建筑智能化工程技术、建筑电气工程技术2个五年制高职专业，建筑智能化工程技术、物联网应用技术、移动互联应用技术专业、建筑电气工程技术、建筑设备工程技术、供热通风与空调工程技术和工业节能技术7个三年制高职专业。这些专业技术含量高、发展势头迅猛、与日常生活联系密切，是将各种高新技术应用于建筑业，代表着建筑业未来的发展方向。2004年学院所有专业均被建设部和教育部确定为"建筑类技能型紧缺人才专业"。

深度聚焦集绿水

——江苏金梓环境科技股份有限公司

【公司】 江苏金梓环境科技股份有限公司是一家集研发、设计、生产、施工、技术、服务和维护管理于一体的江苏省高新技术企业。公司主要从事水环境治理的生物菌、生物膜、生物颗粒、生态浮岛、各种水生植物和模块化、智能化污水处理设备等产品的研制,用于生产和农村生活污水、工业废水、畜禽养殖废水处理,黑臭河道整治,农村生活垃圾处理及污染土壤修复等工程项目,建有省级研究生工作站,江苏省智能化、分散化生活污水处理技术工程研究中心。

绿色乡村 治污先行

为更好地促进学校将专业建设与市场需求相结合,促进教师全面投入生产和科研,促进企业技术革新和研发水平的提升,江苏城乡建设职业学院与江苏金梓环境科技股份有限公司建立了校企合作战略关系,并于2013年11月成立了研究所,以学校环境工程教研室的专业教师为合作主体,充分发挥学校的师资队伍和科研优势,以及金梓环境科技在生产、施工中的经验与成果优势,双方围绕农村生活污水处理设备的研发开展合作。

合作新动态 治污新工艺

关于污水处理新工艺的研究与推广,校企双方在生产、科研和教学示范方面展开了全面且深入的合作。

1. 合作解决殷村职教园区污水处理难题，为新校区顺利运行提供有力保障

江苏城乡建设职业学院于 2014 年搬迁至新校区时，面临地处农村、与邻近的污水处理站距离远的难题。为保障新校区顺利运行，学校的专业教师与公司通过合作研讨，制定了将江苏金梓环境科技股份有限公司的专利产品"拼装式一体化污水处理设备"应用于学校污水临时处理的方案，保障了学校顺利运行，保护了地方的水环境。

2. 校企联动运营职教园区污水处理站，实现职教园区污水零排放目标

学校所处的殷村职教园区管委会投资建设了一座 5 000 吨的 MBR 工艺污水处理厂。因污水厂规模较小，且考虑到可以充分利用学校的专业优势，殷村职教园区委托学校负责水厂的全面运营管理。在此过程中，江苏金梓环境科技股份有限公司基于多年的生产实践经验，与学校专业教师充分研讨，制订了适合的工艺运营和管理方案，保证了污水厂正常运转。污水厂出水水质达到中水回用标准，全部回用于新校区，实现了园区污水零排放目标。

3. 共同研发农村生活污水处理新技术，服务地方环保事业

聚焦于农村污水处理这个主题，学校教师全面深入地参与企业产品研发与技术创新，并以横向课题的方式为企业提供科研服务。学校教师先后参与江苏金梓环境科技股份有限公司的多项技术研发与课题研究，为推广拼装式污水处理设备在农村污水处理中的应用进行了深入探索，在农村污水处理新产品的研发、课题研究方面取得了丰富的成果（表 5-1）。

表 5-1 农村污水处理相关课题汇总

序号	示范项目名称	实施起止时间
1	养殖水体与农村生活污水处理技术体系及关键设备研发	2013 年 1 月至 2015 年 12 月
2	石墨烯基电容式水净化技术和设备的研发	2013 年 12 月至 2014 年 7 月
3	脉冲滤池工艺设备模块化的优化	2014 年 3 月至 2016 年 3 月
4	用于水体循环导流装置结构工艺优化的研究	2014 年 9 月至 2016 年 9 月
5	1 m^3/d 农村家庭生活污水处理设备的研发	2016 年 1 月至 2017 年 1 月
6	小型太阳能市电互补生活污水处理设备的研发	2016 年 2 月至 2017 年 2 月

续表

序号	示范项目名称	实施起止时间
7	家庭专用（多）户型污水处理设备的研发	2016年2月至2017年2月
8	一种用于河道生物接触氧化法工艺的研究	2016年5月至2017年5月
9	江苏省农村生活污水设施建设与运维模式研究	2016年7月至2018年7月

4. 合作开展农村生活污水处理示范工程，为新农村建设树立典型

聚焦于农村污水处理新技术的研发与推广，专业教师全面参与了江苏金梓环境科技股份有限公司的多项农村污水处理环境示范项目（表5-2），为地方环境保护和区域经济发展做出了贡献。

表5-2　新农村建设环境示范项目

序号	示范项目名称	地址
1	农村生活污水处理示范项目	宁波市奉化区
2	新北区罗溪镇三星级康居示范工程	常州市
3	苏州马浜花园中心河道修复工程	苏州市
4	中央农村环境连片整治示范项目	常州市
5	常州市印染废水处理厂印染废水处理示范项目	常州市
6	苏州市第五人民医院医疗废水处理示范项目	苏州市
7	生态环境部农村环境连片整治示范项目	常州市
8	江苏丽佳养殖有限公司养鸭废水处理示范工程	泰兴市

5. 共同推进污水处理新技术示范项目

江苏城乡建设职业学院是江苏省科普教育的重要环境教育示范点。校企双方共同关注地方经济发展和环境保护，在关注污水处理新技术研发的同时，更注重对污水处理新技术的示范推广、对节水与环境保护教育的普及。江苏城乡建设职业学院与江苏金梓环境科技股份有限公司、以色列富朗世有限公司合作，在校园内建设了MABR（膜曝气生物反应器）污水处理示范项目，充分展示了拼装式污水处理设备在污水处理中的高效性和低能耗等特点，为江苏省内乃至全国范围内的分散式污水处理提供了具有科学性、示范性、指导性的实践基地。

因地制宜　成果显著

相对于城镇而言，农村居民住得分散，村里污水收集系统不完善，且专业管护人员相对缺乏，监管制度不健全，如果照搬城市集中处理污水的模式，那么运行成本会过高并难以保证污水处理设施正常运行。基于此，江苏城乡建设职业学院与江苏金梓环境科技有限公司将校企产学研合作的聚集点定位为开发符合农村生活污水水质和排放特点，且成本较低、运行维护和管理方便的农村生活污水处理设施并进行示范推广，从而保护农村水生态环境。基于探索农村污水处理新技术、服务地方经济与环境保护的共同目标，学校与企业形成了"紧密合作，资源共享，产学研并重，生产、示范与推广相结合"的合作模式，获得了显著的经济效益、社会效益和生态效益。

经济效益：通过共同完成生产任务、共同完成技术研发来实现经济效益的增值。另外，通过实训室的共建共享，达到节约资源、间接获得经济效益的目标。

社会效益：通过校企共同育人，培养适应市场需求的人才，服务地方经济建设；通过共同完成科研课题，提升污水处理技术，减少环境污染；通过示范项目的建设，服务新农村建设和美丽中国建设。

生态效益：通过在学校建设MABR污水处理技术示范基地和节水教育基地，广泛宣传节水意识和环境保护意识，渗透生态文明教育，培养具有生态环境保护理念的建设者。

【高校】　江苏城乡建设职业学院是一所隶属于江苏省住房和城乡建设厅省属专科（高职）层次普通高等学院，是江苏省中国特色高水平高职学校建设单位。学院是国家和江苏省建设行业技能型紧缺人才培养培训基地，设有建筑艺术、土木工程、管理工程、公用事业、设备工程5个二级学院，思政部（马克思主义学院）、体育部、基础部3个教学部，共有在校生近12 000人。学院在产教融合上积极探索，实现校企"双元"育人。集聚行业协会、特级资质企业、龙头企业和知名企业,建成实习和就业基地389家,深度合作企业20家,大师工作室10个,现代学徒制项目覆盖专业17个,订单培养专业14个,搭建省级装配式建筑技术产教融合集成平台1个,是全国首批"1+X"证书制度试点院校。

从 0 到 1 一举突破
——中盐金坛盐化有限责任公司

【公司】 中盐金坛盐化有限责任公司（以下简称"中盐金坛"）位于江苏省常州市金坛区，为中国盐业集团有限公司所属国有中央企业，国家食盐定点生产、批发企业，食品生产、经营许可企业，国家科改示范企业，国家高新技术企业，入选"国内一流的企业研发机构培育库"，是江苏省首批产教融合试点企业。中盐金坛先后获得全国轻工业优秀质量管理最佳成果奖、全国轻工业质量信得过班组奖、首批国家"绿色矿山"、国家级"绿色工厂"，是江苏省企业文化示范单位，曾获"常州市市长质量奖"等荣誉。"中盐"牌、"金坛盐"牌商标获"国家生态原产地保护产品"等品牌认证，并获得清真食品认证，食用精制低钠盐获首批"江苏精品"认证。

中盐金坛已形成"盐碱一体化、盐电一体化、盐穴一体化"的3个一体化产业布局和完整的产业链。盐产品年产量为500万吨，其中工业盐在华东地区的市场占有率达33%。盐产品有食用、工业用、水处理用、生活用、道路用、畜牧用6大类40多种，是联合利华、雀巢、百事集团等多家跨国企业的全球供应商，特种盐产品远销日本、新加坡、奥地利、澳大利亚、巴西、秘鲁、越南、安哥拉等20多个国家和地区，出口盐的质量和种类在全国盐行业名列首位。

中盐金坛共有3个生产基地，下设全资及控股和参股子公司7家，有员工555人。其中，博士研究生、硕士研究生78人，本科生206人，高学历人才占全员的50%以上。中盐金坛建有江苏省井矿盐综合利用工程技术研究中心、江苏省盐穴储气储能及井矿盐综合利用工程中心、江苏省企业技术中心、国家博士后科研工作站、江苏省企业院士工作站、江苏省研究生工作站等"三站三中心"创新平台。中盐金坛依托金坛盐盆资源，加强盐穴综合利用，发展储气、储能等新型产业，正朝着"世界一流企业"的目标开拓前进。

牵手名校　院士助力

2004年，中盐金坛与清华大学签订了《共建研究生社会实践试点基地协议》，开启了校企政产学研合作序幕，培育形成了以中盐金坛卢强院士工作站为引领的"一位院士、多家企业、一个产业"发展新路径，先后吸引了171名清华学子助力132项企业课题研究，探索构建了"一个基地、一众人才、一批成果"的合作模式，累计引进了清华系同方威视、同威信达和清华学子创办的易控电子、新鸿电子、浩蔚环保等8家优势企业，多年的校企政产学研合作破解了中小科技企业科研瓶颈，提高了科技服务经济社会发展的贡献度。

2015年11月至今，双方联合开展了基于盐穴储能的压缩空气储能发电技术研发，建设了完善的技术研发体系，取得了一系列具有国际领先水平的技术成果。

2017年5月17日，为了推动双方开展技术合作，加快盐穴储气压缩空气储能技术研发进程，清华大学卢强院士设立了中盐金坛卢强院士工作站。

2017年5月27日，清华大学和中盐金坛联合申报并获批了国家能源局示范项目——中盐金坛盐化有限责任公司基于盐穴压缩空气智能电网储能系统项目。

2017年6月，中盐金坛联合清华大学成立清华大学（电机系）-中盐金坛盐化有限责任公司压缩空气储能技术联合研究中心，双方共同开展大规模压缩空气储能技术研发，研究面向盐穴储气的非补燃压缩空气储能技术方案，推动项目的产业化发展。

2017年12月，联合研究中心组织清华大学、中盐金坛、华能国际电力股份有限公司、中国能源建设集团江苏电力设计院有限公司等单位的技术研发人员前往德国搜空公司、德国KBB盐穴储气库公司和优利普华电力公司开展盐穴储气及压缩空气储能方面的技术交流。

2018年7月，江苏省科技厅公示了一批拟立项项目，中盐金坛承担的"基于盐穴的绝热非补燃压缩空气储能关键技术研发"项目获公示。

2018年10月24日，"大规模非补燃压缩空气储能关键技术及应用"项目的技术鉴定会在北京召开。鉴定委员会认为该项目在大规模非补燃压缩空气储能领域取得了多项创新性成果，达到国际领先水平。

2018年12月，金坛盐穴压缩空气储能国家试验示范项目开工。

2020年8月，金坛盐穴压缩空气储能国家试验示范项目主体工程开工。

2021年9月，金坛盐穴压缩空气储能国家试验示范项目并网试验成功。

2022年5月，我国首个盐穴压缩空气储能电站并网投产。

风雨同舟　匠心结硕果

清华大学在储能技术和电力系统方面的研究在国内一直处于领先地位，近年来完成了多项重大专项课题研究，如国家电网重大科技专项课题"压缩空气储能关键技术及实用方案研究"、国家自然科学基金创新群体研究项目"聚纳大型风光发电的电力系统智能调度与控制基础研究"、"863计划"子课题"含风光储的分布式发电的控制策略与安全稳定技术研究"、"973计划"子课题"远距离大规模风电的有功/无功功率控制与电力系统频率及电压稳定"等。在试验样机方面，清华大学成功研制了国内首座非补燃压缩空气储能电站系统，理论和实践经验都已成熟，可进行成果转化和产业化工作。

中盐金坛拥有大量盐盆资源，经开采后产生的盐穴形状、强度和密封性等都很好。盐穴是地下盐层被开采后形成的矿洞。用电低谷时，利用电能将空气压缩到盐穴中；用电高峰时，再释放空气，推动空气透平膨胀机发电。在江苏金坛，这个容积相当于105个奥运会泳池的盐穴化身为大型"充电宝"，在一个储能周期可存储电量30万度，相当于6万居民一天的用电量。项目创建了具有完全自主知识产权的非补燃压缩空气储能技术体系，核心设备实现了100%国产化。发电站投运后，年发电量约1亿千瓦时，可为江苏电网提供±6万千瓦的调峰能力，为夏季等用电高峰的能源供给提供了保障。目前，部分盐穴已经作为西气东输的储气库，成功储存了大量高压天然气。作为压缩空气储能项目的储气罐，如果是工业制造，则储气量较小、成本巨大、安全性较差。若要扩大储能电站规模，采用盐穴储存高压压缩空气是最佳选择。

金坛盐穴压缩空气储能国家试验示范项目利用电网低谷负荷时多余的电力压气，在负荷高峰时放气发电，一方面可以利用峰谷电价差产生经济效益，另一方面可以在电力系统负荷低谷时消耗多余电力，在负荷高峰时向电网馈电，增强电网的调峰能力，起到"削峰填谷"的作用，促进了电力系统经济运行。作为国家示范项目，该项目在行业内具有先导作用，并为协助国家制定针对压缩空气储能发电上网电价的相关政策提供了一些参考数据。

该项目采用非补燃压气蓄能，零排放，可归类为环保新能源发电，能减少环境污染，为江苏省节能减排、清洁能源发展做出了重要贡献。

从 0 到 1　突破创新

2018年12月，总投资15亿元的全国首个盐穴压缩空气储能国家试验示范项目在金坛落地。该项目为国内首个商业运营的非补燃压缩空气储能项目，无论是电站的设计原理还是建设规模都无成熟的工程案例可以借鉴。

金坛盐盆占地60.5平方千米，盐岩储量为162.42亿吨。目前，已采卤井40多口，累计采盐量超过1 000万吨，每年形成256万立方米物理容积盐穴。中盐金坛综合利用盐穴资源，先后与中石油、中石化和港华燃气合作，建成西气东输、川气东送和商业用气储气库。

盐穴压缩空气储能在我国还是一项新技术，具有重要的社会价值和经济效益。由系统吸纳电网低谷时的"弃能"，借助盐穴，使之转化为空气分子内势能并加以储存。当用电高峰到来时，对分子势能加以释放而做功发电，从而大幅度改善发电、用电的时空结构。

为了更好地利用盐穴资源，中盐集团、清华大学、中国华能三方共同研发、投资建设盐穴压缩空气储能发电站。项目在研发过程中采用非补燃方式，实行零碳排放，所有设备完全实现自主研发及国产化，电-电转换率达58.2%，高于目前国际上已投运的压缩空气储能发电站。盐穴压缩空气储能发电站建成以后，储能设备年利用3 000小时，发电设备年利用1 500小时，能满足江苏电网调峰需求，缓解峰谷差造成的电力紧张局面。

2020年8月，该项目主体工程在常州市金坛区顺利开工。非补燃式压缩空气储能技术具有容量大、使用寿命长、造价成本低、响应速度快等优点，开辟了利用深地资源进行大规模电能存储的新领域，提供了支撑清洁能源大规模开发的大容量储能解决方案。该技术是由清华大学卢强教授首先提出的。运用这一技术，清华大学与地方政府合作，已建成安徽芜湖、青海西宁两座实验电站，其电-电转换效率分别为40%和51%。金坛盐穴以压缩空气为主要介质实现了能量存储转化的新型储能技术，使地下盐穴资源得到充分利用，具有节约土地资源、环境友好、高效储能调峰等特点。

该项目发挥了央企、名校聚力的独特优势，完成了压缩空气储能核心技术攻关，创建了压缩空气储能技术标准体系，培养出了一批压缩空气储能领域的技术骨干，是高校产学研平台和央企交流合作结出的一大硕果，是我国电力能源发展历程中具有里程碑意义的创新成果，这将成为全国能源界的榜样，是可以复制也应该得到复制的国家试验示范项目。"金坛盐穴压缩空气储能国家试验示范项目"一期工程主设备已完成研发并进入制造阶段，主设备均为国产首台（套）设备。

2022年5月，经过近十年的研发，历时两年建成的世界首座非补燃式压缩空气储能发电站在金坛并网发电，标志着我国新型储能技术的研发和应用取得重大进展。项目一期储能装机60兆瓦，远期规划建设规模1 000兆瓦，将打造新型储能行业标杆，并实现压缩空气储能技术试验、标准创建、工程及商业运营示范三大目标，为构建以新能源为主的新型电力系统提供储能新方案，为我国早日实现"碳达峰、碳中和"做出贡献。

【高校】 清华大学是一所多科性工业大学，重点为国家培养工程技术人才，被誉为"红色工程师的摇篮"。在国家和社会的大力支持下，通过实施"211工程""985工程"，开展"双一流"建设，清华大学在人才培养、科学研究、社会服务、文化传承创新、国际合作交流等方面都取得了长足发展。目前，清华大学共设21个学院、59个系，已成为一所设有理学、工学、文学、艺术学、历史学、哲学、经济学、管理学、法学、教育学、医学和交叉学科等12个学科门类的综合性、研究型、开放式大学。

清华大学电机工程与应用电子技术系（以下简称"电机系"）在科研方面不仅重视理论基础和应用基础研究，而且重视面向国民经济建设主战场，发展横向科技项目，促进技术成果转化。电机系长期从事压缩空气储能方面的研究，并在压缩空气储能方面取得了原创性的基础理论研究成果和技术突破，研发了国内首套非补燃压缩空气储能电站系统。该系统无需燃料补燃，具有零碳排放、环保、效率高等优点，其电-电转换率高于目前国际上已投入运行的压缩空气储能电站。

力达先进乐于此
——江苏力乐汽车部件股份有限公司

【公司】 江苏力乐汽车部件股份有限公司坐落于长江三角洲的溧阳市北郊,是江苏力乐集团的核心企业,是一家专门生产汽车座椅功能件的骨干企业,具有较强的各种汽车调角器的研发制造能力。公司拥有固定资产3亿多元,占地面积25万多平方米,建筑面积10万平方米,有员工1 000多人(其中各类专业高级管理和技术人才200多人)。公司年生产汽车座椅调角器、滑轨等达1 000万套,精冲调角器为5 000万件。公司自主研发的电动座椅调角器和各种结构的万能精冲调角器产品远销北美、东欧、中东、南亚、西亚等地区。公司已成为主要汽车生产企业的配套供应商。其调角器的国内市场占有率在全国同行中排名第一位。公司是中国汽车工业协会成员单位、江苏省先进企业、民营科技企业、全国质量管理先进企业,已顺利通过ISO/TS16949等国际质量体系认证。

安全行车 座椅先"行"

随着汽车业的迅猛发展,我国的汽车配件行业已经融入国际市场,越来越多的跨国公司把中国作为一个世界性的汽车配件生产制造中心。座椅滑轨是座椅总成中最为重要的一个零部件,不仅是一个重要的功能件,而且属于汽车安全件之一,具有非常高的技术含量。其主要实现车身与座位的连接功能、现座位相对车身运动的运动功能和固定座位并相对车身静止的固定功能。座椅滑轨一般由滑动调整装置组合、下轨组合、上轨组合组成。座椅滑轨配合手动锁装置可实现座椅在水平位置的手动调节,配合电机和驱动机构可实现座椅在水平位置的自动调节，市场应用前景非常广阔。在座椅安全性能指标中，座椅滑轨需要承受 24 000 牛以上的静拉力，而且要保证滑轨在受到正压及侧拉等各个方向的力时受力均衡，不能产生功能失效。如果产品的驱动机构、调整机构及上下滑轨存在缺陷，那么就会不可避免地影响滑轨运行的平顺性。因此，滑轨及其零部件的制造技术成为一大难点。

为满足汽车零部件行业的发展需求，经过广泛调研，针对江苏省汽车零部件生产企业存在自动化程度低、生产效率低下、人力成本居高不下、技术劳动力严重缺乏、招工难等问题，公司研发了用于汽车零部件典型零件（座椅滑轨）制造的自动化冲压、焊接生产线，建立焊接机器人工作站的数字化虚拟样机模型，构建计算机集成控制系统，突破高精度冲压与焊接模具设计、机器人焊接工作站构建、故障诊断与安全等关键技术，实现了自动化冲压、焊接工作站在汽车零部件行业的成功应用。

机器人自动化生产线是先进制造装备的典型代表，是实现企业自动化生产线数字化、网络化和智能化的重要手段，目前已成为国内外极其受重视的高新技术应用领域。机器人自动化生产线被应用于汽车零部件冲压自动化、车体焊装自动化、AGV 物流与仓储自动化等行业，极大地推动了这些行业的快速发展，提升了高新制造技术的先进性。工业机器人自动化生产线作为促进生产力提升与节约用工成本的先进装备，具有广阔的产业应用前景，可为国民经济的发展提供持续的经济增长点和推动力，对于提升国家竞争力具有重要战略意义。

实现目标　突破关键

1. 项目研发的主要内容

（1）机器人自动化生产线模块化、数字化设计与仿真。针对机器人自动化冲压、焊接生产线的特点，通过虚拟样机技术实现生产线的模块化、数字化设计，快速构建模块化的冲压、焊接机器人生产线；对由机器人、自动上下料设备和压机、焊机组成的生产线进行动作时序的规划与优化。

（2）机器人焊接夹具与冲压模具设计。采用参数化和结构拓扑优化等技术，设计满足抗冲击和振动的高精度冲压模具；采用有限元分析等方法尽量减轻夹具体的自重，缩小夹具体的体积；建立元件库、典型夹具库，利用系列化、标准化设计，快速组装成夹具，增强夹具系统的可重组性、可重构性及可扩展性。

（3）机器人轨迹规划和反馈控制。进行机器人的奇异性分析、工作空间分析，建立机器人运动学、动力学模型；研究机器人的基本运动轨迹，设计机器人轨迹规划算法，进行高速、高精度焊接操作的最优轨迹规划。

（4）机器人生产线控制系统设计研究。制定机器人及其他设备协调体系结构之间的通信协议；根据汽车座椅滑轨制造工艺的有关数学模型、相关参数、测量值与设定值、控制目标等，对各构成单元的工艺控制过程和功能进行系统分析，构建工艺过程控制的整体架构；研究生产线控制系统的控制流程、节拍优化算法，建立分层分布式的生产线控制模型；基于高性能PLC控制器、现场总线等搭建生产线控制系统，采用集中监控、分散控制的原则，确定整体工艺控制过程，实现对整个系统的控制。

（5）机器人自动化生产线系统监控与故障诊断。根据机器人生产线的安全管理需求，设计生产过程安全监控集成管理系统，实现对上料、下料、冲压与焊接工作站整个系统的安全监控，提高生产线的安全水平；根据生产工艺和焊接领域的专家经验，建立具有优先级的诊断规则，实现安全评价和故障预警功能，提高系统的安全性和实用性。

2. 重点解决的关键技术问题

（1）为适应产品的多样性，建立元件库、典型夹具库，利用系列化、标准化设计，快速组装成夹具，增强夹具系统的可重组性、可重构性及可扩展性。采用参数化和有限元设计方法，优化夹具和模具设计。

（2）制定机器人与工作站其他设备之间的通信协议，合理规划机器人的运动轨迹，设计满足冲压、焊接生产线功能要求的机器人系统协调控制策略与方法。

（3）分析生产线各环节的工艺参数及相互之间的关联，找出系统的故障点，并划分危害等级，设计故障诊断规则和处理方法，实现对上料、下料和冲压、焊接整个生产流程的监控，提高系统的安全水平。

3. 产学研合作新探索

该项目充分发挥产学研合作协议中规定的合作双方的职责与义务，常州先进制造技术研究所在项目实施过程中为项目提供科研设备、专业技术研发人才等项目实施条件，保障技术的可行性和先进性；江苏力乐汽车部件股份有限公司充分发挥现有生产场地、设备、人员及市场等方面的优势，为项目的产业化及项目的经济效益和社会效益的实现提供保障。

双方紧密围绕产学研合作模式，在体制、机制建设方面积极探索，寻求更优的合作模式。

（1）合作平台体制建设探索。

"汽车座椅滑轨冲压、焊接自动化生产线关键技术研究"以常州先进制造技术研究所和江苏力乐汽车部件股份有限公司为实施载体，由常州先进制造技术研究所负责技术研发，由江苏力乐汽车部件股份有限公司负责项目技术的产业化及项目产品的推广运用。在前期准备阶段，双方积极探索合作平台体制建设，以保障项目有实施载体。双方经深入研讨决定成立"湖南明和新技术研发中心"作为合作平台，负责开展和管理项目研发、生产工作，并在研发流程管理、研发成果共享等方面制定相关制度，完善平台建设，为合作平台建设提供制度依据，保证项目顺利实施。

（2）课题开发及管理机制建设探索。

为提高项目研发的水平，常州先进制造技术研究所积极探索课题开发制度，完善课题研发的流程管理。

① 分析模具设计、夹具设计、材料回弹等因素对汽车座椅滑轨冲压、焊接质量的影响，研究可适应产品多样性的可调夹具和高精密模具的设计方法。

② 依据分层分布式的生产线控制模型，优化控制流程和作业进程，基于高性能PLC控制器和现场总线等搭建生产线控制系统，实现对整个生产线的同步协调控制。

③ 根据机器人和焊机反馈数据，优化控制参数，设计故障诊断规则和处理方法，提高加工质量和系统安全水平。

（3）项目研究实验过程。

① 机器人自动化生产线模块化、数字化设计与仿真的实验过程。在工艺流程分析的基础上，采用SolidWorks软件进行冲压、焊接工作站的数字化建

模,并导入工业机器人离线仿真软件包,进行运动轨迹仿真。

② 冲压模具与机器人焊接夹具设计。采用 CAE 技术研究汽车座椅滑轨冲压件的模具成形问题,利用回弹效应和补偿方法,进行冲压工艺及模具的优化设计。

③ 控制系统硬件与软件设计。为提高控制系统的可靠性并兼顾成本,焊接系统以 PLC 为控制器,对焊接机器人和夹具夹紧单元进行控制。控制系统配有液晶触摸屏,可以方便而快捷地设置和修改工艺参数。

④ 焊接参数设置和机器人路径规划算法设计。影响结构件焊接变形的因素是多方面的,必须加强对这些因素的控制。一是要适当选择焊接参数,二是要选择合理的装配顺序,三是要选择合理的焊接顺序。另外,机器人路径规划也要注重全局路径规划、局部路径规划、静动态冲突预测和动态子目标点选取、误差自动修正等,控制机器人和自动化设备之间的相对距离与相对方位,使之收敛并保持为设定值等,只有这样才能保质保量地完成研究目标和任务。

成效显著　效益倍增

1. 合作成果

该项目按照"备案立项—前期筹备—项目实施—项目结题验收"的流程,合作开展项目建设工作。项目围绕核心技术积极开展专利的申请与保护,现已申请了 1 项发明专利,已获 4 项实用新型专利。

2. 经济效益

自项目产业化以来,已累计实现销售收入 3.6 亿元,实现利润 4 200 余万元,项目的经济效益显著。

3. 社会效益

(1) 充分发挥了科技服务经济发展的作用。该项目通过将高效科研成果转化为企业现实生产力,实现了项目的经济效益,发挥了科学技术服务社会经济发展的产学研合作初衷。

(2) 采用自动化冲压工作站、机器人焊接工作站等自动化设备后,汽车零部件生产行业的自动化水平得到进一步提高,生产和运行管理水平将达到国际先进水平。

（3）为企业和社会培养了一批专业的技术人才。根据产学研合作协议，常州先进制造技术研究所充分发挥高校人才优势，为企业培养了10余名专业人才。

总之，在"汽车座椅滑轨冲压、焊接自动化生产线关键技术研究"项目实施过程中，常州先进制造技术研究所主动发挥高校的科研技术服务社会经济发展的作用，联手企业进行技术研发、攻关与项目成果的转化，创造了良好的经济效益和社会效益，在学校众多的产学研合作项目中具有良好的榜样和示范作用。

【研究机构】 常州先进制造技术研究所（以下简称"研究所"）由中国科学院合肥物质科学研究院和常州市人民政府合作共建。研究所面向强化国家战略科技力量和科技自立自强的需求，立足长三角一体化，以机器人与智能装备产业发展为重要任务，依托中科院合肥物质科学研究院、常州市和江苏省产业技术研究院的科技资源，重点发展机器人系统集成、数字化设计与精密制造、先进控制与智能传感器等，在机器人技术、高端装备制造业等特色产业领域开展核心关键技术研发，在钢铁、锻压、铸造、汽车、船舶等行业实行入行行动计划，突破产业关键技术，实现了技术集成创新。研究所是江苏省机器人与智能装备产业技术创新战略联盟理事长单位，江苏省重大研发机构"中国科学院常州先进装备制造技术创新中心"的依托建设单位，江苏省公共技术服务平台"江苏省常州智能检测控制技术与数字化设计制造平台"的建设单位。

产研双向双丰收

——江苏河马井股份有限公司

【公司】 江苏河马井股份有限公司创建于1993年，是致力于设计、研发、生产、销售雨污水收集、处理、储存和利用系统的高新技术企业，是中国塑料检查井的发明者、海绵城市技术的引领者、行业标准的制定者，是中国塑料加工工业协会塑料管道专业委员会理事单位、检查井与塑料管件工作组组长单位。公司位于经济发达的常州市武进高新技术开发区，主要为雨水综合利用、塑料检查井、埋地排水排污、建筑排水等系统提供解决方案。

创新为先 产研互哺

常州大型塑料件智能制造重点实验室于2016年被评为常州市市级重点实验室，并且已于2018年7月完成验收。由常州信息职业技术学院谭文胜教授牵头，联合江苏河马井股份有限公司，基于创新为先、科研服务于区域经济发展的宗旨，共同建立了产学研平台。双方共同完成项目，共同享受科研成果。

两家单位在模具先进化、智能化制造方面都有着共同的发展需求，通过强强联合，把高校的科研力量和企业的实际生产技术经验相结合，基于市级重点实验室平台，解决了一系列技术问题，发明了40多项专利。

谭文胜教授领衔的先进制造团队在该项目中坚持创新核心理念，以科技发明作为项目推进的基础，针对大型塑料件在设计和制造过程中存在的难点，通过理论分析、软件分析和实际试验相结合的方法研究大型塑料件的模具设计、材料流动特性、塑料件激光焊接机理。

项目组始终坚持"创新为先、产研互哺"，定期开展技术讨论和现场试验，通过"计算机分析+试验验证""理论分析+现场论证""宏观结构优化+微观材料机理研究"等一系列方法完成了项目。整个项目历时2年7个月，提前完成任务要求，得到了常州市科技局的高度评价（图5-7、图5-8）。

图 5-7　项目组现场对模具进行观察分析

图 5-8　项目组现场对产品问题进行观察分析

企业在大型塑料件生产工艺方面，诸如大型排水管道、大型塑料检查井构件的生产工艺，激光技术在模具制造工艺方面的应用等存在技术薄弱的问题，经科研团队成员多次调研，并参与产品工艺制造的全过程等，发现问题的症结，利用CAE（计算机辅助工程）软件分析，查阅资料，不断完善解决方案，同时积极邀请各细分行业专家教授参与技术攻关，在大型塑料件模块化设计与优化、注塑成型工艺研究分析、塑件激光组合焊接、三维焊接装备和智能控制特性等方面取得突破，解决了大型塑料件的设计和制造工艺方面的难题。科研团队联合企业，基于该合作项目一起申报了国家专利41项，科技成果转让3项（发明专利）。

模范生产　成果优异

在项目建设期内，通过校企合作，完成1项江苏省科技计划项目（工业支撑）、3项技术开发项目，合作企业新增产值1.2亿元，新增销售额1.17亿元，新增利税1 599万元，服务收入19.4万元。

该项目为提升我国塑料检查井的整体制造水平提供了关键技术，为实现绿色智能化制造打下了基础。合作企业江苏河马井股份有限公司形成了一支塑料检查井产品研发、生产、销售、市场服务的优秀团队，极大地提升了合作企业的整体素质。企业通过与江苏大学、常州大学、江苏理工学院等学校进行开放课题合作研究，锻炼了一批以年轻人为主的研发团队，有效地提高了研发团队的整体实力。同时，该项目实施过程中，企业每年与江苏大学、常州大学联合培养研究生10人，培养常州信息职业技术学院的模具设计与制造、机电一体化等专业的学科带头人3人，1人入选江苏省第五期"333工程"第二层次培养对象。

【高校】常州信息职业技术学院隶属于江苏省工业和信息化厅，是全国首家、江苏唯一的信息类国家示范性高职院校，入选中国特色高水平高职学校建设单位、江苏省高水平高等职业院校建设单位，是国家示范性软件职业技术学院、国家软件与信息服务外包人才培养基地、国家高技能人才培养基地、国家自然科学基金依托单位、工信部中国工业互联网人才培养培训示范基地、教育部高职院校师资培训基地、教育部现代学徒制试点单位、国家级专业教学资源库（2个）牵头单位、中国软件产教联盟执行理事长单位、中国-南非职业教育合作联盟中方理事会执行秘书处单位、教育部职业院校信息化教学指导委员会主任委员单位、长三角地区软件职教集团理事长单位，入选国家首批1+X证书制度试点院校和江苏省首批高职扩招试点院校。学校设有软件与大数据学院、网络空间安全学院、电子工程学院、数字经济学院、智能装备学院、数字创意学院、继续教育学院（产业工匠学院）、海外教育学院等8个二级学院及马克思主义学院、基础教学部、大学外语部、体育部等4个教学部。

需求引领引航者
——常州市大华环宇机械制造有限公司

【公司】 常州市大华环宇机械制造有限公司创建于1995年，现已初具规模，是集铸造和加工为一体的耐低温冲击球墨铸件生产基地，年生产能力达40 000多吨，产品出口美国、印度、日本、欧洲等国家和地区。现主要为歌美飒风电（天津）有限公司、广东明阳风电产业集团有限公司、湘电风能有限公司、株洲南车时代电气股份有限公司、上海电气集团股份有限公司、苏司兰能源（天津）有限公司等风电主机公司配套生产零部件。

以满足市场需求为努力方向

为了更好地满足市场需求，常州市大华环宇机械制造有限公司和江苏理工学院联合开展技术攻关。

1. 研究内容

（1）研究碳、锰、硫、磷等元素的最佳配比，开发出能够满足-60 ℃低温、冲击平均值大于10焦，且球化率提升至92%及以上的高原低温环境用的球墨铸铁新材料。

（2）通过中试，模拟出最佳生产工艺路线（合金成分、铸造组织、热处理等相关工艺参数）。

（3）确定满足大生产条件下的最佳生产工艺路线（合金成分、铸造组织、热处理等相关工艺参数）。

（4）成本核算。

2. 研究成果

（1）项目组在项目实施期间，申请国家发明专利1项：一种超低温铁素体球墨铸铁及其制备方法（专利号：202110885572.2）。

（2）实现在实验室制备碳、锰、硫、磷等元素不同配比的球墨铸铁合金，采用高碳钢材，降低合金中硫、磷的含量。

（3）控制球化温度，减少球化合金的烧损和球化合金的用量，将残留镁含量控制在0.5%以下，降低成本。

（4）改进耐低温冲击球墨铸件熔炼工艺，通过控制熔炼温度、保温时间和出铁温度，减少铁水中的垃圾、废渣等杂质。将熔炼温度控制在1 520 ℃，并保温5分钟以上，将球化温度控制在（1 450±10）℃，提高球化质量。

（5）设计二次孕育工艺替代原有的一次孕育工艺，并将球化结束到浇注结束的时间控制在10分钟内，使球化率达到92%以上。

（6）采用汽车冷轧废钢薄板替代生铁作为原材料，一方面可以降低生产成本，另一方面便于控制铸铁中的锰、硫、磷的含量。

以获得最大经济效益和社会效益为目标

该项目主要是为歌美飒风电（天津）有限公司、广东明阳风电产业集团有限公司、上海电气集团有限公司等国内外知名风电企业提供5兆瓦以上的高原型风电机组产品，铸件年产量超过1万吨。在试制过程中，尽可能地采用回收钢材，大大降低了生产成本。在材料的成型工艺中，通过对温度和过程的控制，保证产品的质量，降低能耗，提升产品球化率，提高经济效益。

该项目产品在2021年6月前完成中试和验收，并被提供给广东明阳风电产业集团有限公司、浙江运达风电股份有限公司等客户使用，2021年12月进入小批量生产，年新增销售额超过8 000万元，新增利税超过1 000万元。

"新能源产业"和"智能装备制造"是常州市十大产业链中的重要组成部分。项目的开展，能带动区域内风电行业上下游产业的发展，同时能提升常州高新区在大功率发电设备配套领域的研发实力。

该项目产品的成功研发填补了国内空白，产品及其技术处于国内领先水平，不仅可以满足国内风电制造企业的需求，同时还可以走出国门，参与"一带一路"建设，实现创汇，因而具有极为广阔的市场前景。

项目产品的产业化可带动相关产业如铸造、机械、材料、模具等同步发展，可直接新增30~40个就业岗位，间接新增就业岗位200个以上，具有较好的社会效益和经济效益。

项目产品的成功研发不仅为我国风电行业的发展做出了重大贡献，而且为社会培养了一批集铸造、过程控制、材料成型等技术为一体的复合型人才，为不断推进公司科技进步和发展打下了坚实的基础。

【高校】 江苏理工学院创建于1984年，是以工科为主、多学科协调发展，具有鲜明特色的省属普通本科院校，是江苏省首批决策咨询研究基地、全国首批职教师资培训重点建设基地、江苏省职业技术教育科学研究中心、江苏省高等职业教育教师培训中心。目前，学校拥有国家技术转移中心示范机构、江苏省工程（技术研究）中心、江苏省高校重点（建设）实验室等省级以上学科科研平台20个。近5年，学校主持承担了国家科技支撑计划重大项目、国家自然科学基金项目、国家社会科学基金项目等国家和省部级科研项目近500项，承担横向科研课题近1 600项，科研到账经费4.5亿多元。

理实一体一招控
——常州帕斯菲克自动化技术股份有限公司

【公司】常州帕斯菲克自动化技术股份有限公司（以下简称"帕斯菲克"）是江苏省高新技术企业，成立于1998年，原名为常州太平洋自动化技术有限公司，2008年3月更名为常州帕斯菲克自动化技术股份有限公司，2015年10月在新三板挂牌。公司注册资本为1 100万元，总资产为3 771万元，现有员工80余人，其中核心技术人员12人、研发人员20多人。公司是江苏省高新技术企业、常州市科技创业先锋企业。

沟通互助　市场为主

2011年至今，河海大学常州校区的张金波副教授一直兼任常州帕斯菲克自动化技术股份有限公司技术顾问，解决企业技术难题。2014年，张金波副教授获江苏省科学技术协会认定的服务中小企业首席专家，先后联合企业开发了环网柜无源闭锁装置、高压开关柜智能监测组件、基于半导体制冷技术的开关柜除湿装置等十余项产品，并投入市场销售。

智能操控　安全助力

高压开关设备作为发电厂、变电站中的重要设备，起着关合及开断电力的作用，用来输送及倒换电力负荷，以及从电力系统退出故障设备，从而保证电力系统安全运行。

公司研制的中压开关设备智能综合监控装置，集一次模拟图动态显示、断路器触头温升监测、断路器机械特性监测、断路器分合闸线圈电流监测、电能质量监测、环境及柜内温湿度监测、断路器室、母线室和电缆室视频监视、高压开关黑匣子、高压开关机械寿命、高压开关电寿命和专家诊断与决策系统等功能于一体，采用IEC61850通信协议，将在线监测技术与传统中压开关设备有机结合，推动了高压开关设备向智能化方向快速发展。其研发的高压开关设备智能监测装置已在国家电网有限公司、中国南方电网有限责任公司等到推广应用。

环网柜由于其结构简单可靠，目前已在配电网中的配电站及户外站大量使用。环网柜的负荷开关与接地闸刀通常为三位置结构，有机械防误功能。但由于此类环网柜受条件约束，没有闭锁电源，环网柜上带电显示器只能起到显示作用，当线路有电时无法强制闭锁接地刀闸，存在带电合接地刀闸重大恶性误操作安全隐患。鉴于上述原因，根据国家电网有限公司配电网设备隐患排查的要求，公司研发了一种无源验电防误解锁一体化强制闭锁装置。该装置解决了在无源环境下高压带电时可靠地强制闭锁接地开关操作孔，由验电防误解锁一体化自动装置替代操作人员进行防误控制，杜绝了由于人为操作而发生误操作的事故，对保证配电网运行安全和人身安全具有非常重要的意义。

攻克难关　技术领先

学校和企业联合申请省、市级电网公司科技计划项目（表5-3），共建研究生工作站，联合培养研究生，派遣老师到企业兼职，合作解决技术难题。

表5-3　联合申报项目一览表

序号	年份	项目名称	项目类别	批准单位
1	2014	智能配用电信息采集及高速双向通信支撑技术的研究	江苏省科技支撑项目	江苏省科技厅
2	2015	江苏省研究生工作站	—	江苏省教育厅
3	2015	基于互联网+的高压开关设备状态检修和寿命智能预评估系统的研发	常州市科技支撑项目	常州市科技局

续表

序号	年份	项目名称	项目类别	批准单位
4	2015	常州市智能配用电设备监测工程技术研发中心	常州市工程技术研发中心	常州市科技局
5	2012	基于无线传感网技术的新型母线槽接头温升在线监测装置的研发	常州市科技支撑项目	常州市科技局
6	2013	常州市输配电设备状态监测工程技术中心	常州市新北区工程技术研发中心	常州市新北区科技局
7	2010	基于 WSN 技术的高压开关设备智能诊断与智能控制装置的研发	常州市科技支撑项目	常州市科技局
8	2016	高压开关防误闭锁装置	常州市科技进步奖三等奖	常州市人民政府
9	2016	高压开关设备智能监测组件	常州市科技进步奖三等奖	常州市人民政府
10	2015	基于无线传感网技术的新型母线槽接头温升在线监测装置	常州市科技进步奖三等奖	常州市人民政府
11	2015	高压开关设备智能监测组件	昆明市供电公司科技计划项目	昆明市供电公司

校企合作开发了环网柜无源闭锁装置、高压开关柜智能监测组件、基于半导体制冷技术的开关柜除湿装置等十余项产品，为企业累计产生经济效益 3 000 多万元，并对提高供电安全产生了积极的影响。目前，环网柜无源闭锁装置已成为某些供电公司环网柜验收必配产品。

【高校】 河海大学常州校区设有机电工程学院、物联网工程学院、企业管理学院和基础学部。现有水利机械、物联网技术与应用 2 个二级学科博士点，机械工程 1 个一级学科硕士点，材料加工工程、通信与信息系统、低碳经济等 7 个二级学科硕士点，机械工程、电子与通信工程、计算机技术、工业设计工程 4 个专业学位硕士研究生授权点，以及机械工程、物联网工程、会计学等 15 个本科专业。疏浚装备与疏浚技术、输变电设备状态监控等学科在国内具有一定影响力，相关研发技术已达到国内乃至国际先进水平。

创先一步一枝秀

——常州聚和新材料股份有限公司

【公司】 常州聚和新材料股份有限公司于2015年8月成立,位于江苏省常州国家高新区产业园,是一家专门从事新型电子浆料研发、生产、销售的高新技术企业。公司自成立以来,始终专注于新材料、新能源产业。目前公司的主要产品为太阳能电池用正面银浆。正面银浆是一种以银粉为基材的功能性材料,是制备太阳能电池金属电极的关键材料,其产品性能和制备工艺直接关系到太阳能电池的光电转换效率。

经过多年发展,公司已经形成了种类丰富、迭代迅速的产品体系,能够满足市场主流的各种高效太阳能电池对正面银浆产品的需求。除正面银浆外,公司也在积极开发其他非光伏领域用银浆产品。

高效研发 谋求领先

2020年,公司正式启动工程技术研究中心(图5-9)的建设,新增一部分研发仪器和生产设备,如印刷机、链式干燥炉、高倍光学显微镜、附着力测试仪、C-MIX混料机、点胶机,形成了更加完善且规模化的研发、检测、生产能力。

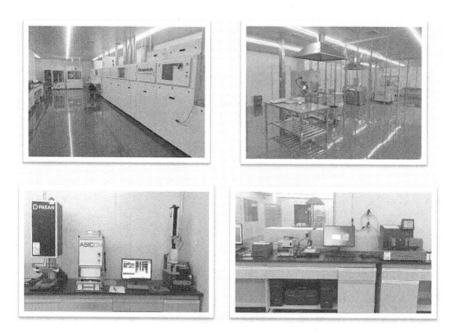

图 5-9　工程技术研究中心实景图

工程技术研究中心的组织架构如图 5-10 所示，现有员工 25 人，其中博士研究生 2 名、硕士研究生 7 名、本科生 7 名，组成了一支集科研、销售于一体的本土化人才团队。

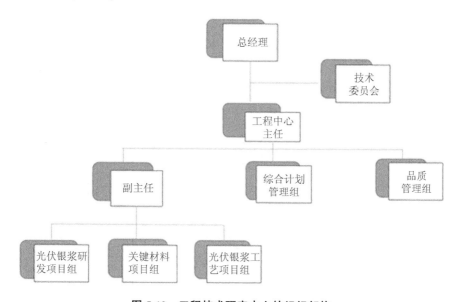

图 5-10　工程技术研究中心的组织架构

工程技术研究中心建成之后，成立了集光伏银浆材料表征、浆料性能测试、应用性能测试为一体的检测平台，可根据市场技术趋势和客户的需求反馈，利用长期积累的材料配方研究、原材料特性研究、配合附着力测试、TLM接触电阻测试、EL测试、3D测试等数据，以持续优化生产工艺、改良生产设备、迭代原产品、开发新产品。

立足浆料　匠心精修

公司承接所有量产的原料及成品检测，缓解了研发中心的检测压力。完成原料检测4 500余批次，中试650多批次；完成客户投诉分析及报告，有效地与客户及时沟通。工程技术研究中心的建设，使得依托单位自主研发的产品符合市场主流需求并进入市场，产品已经获得行业领军企业的广泛认可。同时，公司自主开发的HJT低温银浆、N型TOPcon银浆为产品的升级换代提供了全套解决方案。通过与学校的深度合作，公司的研发和管理综合实力已经位居国内银浆企业第一位。

【研发机构】 江苏省电子材料（银浆）工程技术研究中心（以下简称"工程技术中心"）成立于2019年11月，是江苏省唯一的省级银浆工程中心。该中心已实现自主产品开发，并正在为公司的长远发展而不断培育本地高端研究人才，未来将被打造成常州最具研发实力的国际材料研究中心。工程技术中心已申请核心知识产权20余项，开发数十款市场主流产品，创造中国6项导电银浆出货记录。

【高校】 华东理工大学是中国第一所以化工特色闻名的高等学府，被誉为我国"化学工程师的摇篮"。学校是教育部直属的全国重点大学。1996年，学校进入国家"211工程"重点建设行列。2000年，经教育部批准建立研究生院；2008年，获准建设"985工程优势学科创新平台"；2017年，入选国家"双一流"建设高校行列，化学、材料科学与工程、化学工程与技术3个学科入选一流学科建设名单。

江南大学是教育部直属、国家"211工程"重点建设高校和"双一流"

建设高校。学校具有悠久的办学历史、厚重的文化积淀。学校以"笃学尚行，止于至善"为校训，以"彰显轻工特色，服务国计民生；创新培养模式，造就行业中坚"为办学理念，以建设"世界知名、中国一流、江南风格的研究型大学"为战略目标，深入推进教育教学改革，持续提升办学水平，在人才培养、科学研究、社会服务、文化传承创新、国际交流合作等方面取得长足进步，已逐步建成一所规模结构合理、学科协调发展、教学质量优异、办学效益显著、社会美誉度高、国内有影响力、国际有知名度的特色鲜明的高水平大学。

第六篇

专精特新创一流

百年电缆

——江苏上上电缆集团有限公司

【公司】 江苏上上电缆集团有限公司创建于1967年,拥有国家认定企业技术中心和博士后科研工作站,获得首届中国线缆行业最具竞争力企业排名第一名,全球绝缘线缆企业规模排名中国第一位、全球第七位,荣获中国工业大奖,连续三届荣获中国质量奖提名奖。

江苏上上电缆集团有限公司专注于电线电缆产品的研发、制造和服务,产品涉及新能源、输配电、海工及船舶、建筑工程、矿用、工业制造、轨道交通、汽车、机场等领域。产品为天安门城楼及广场改造、北京奥运场馆、北京冬奥场馆、北京大兴国际机场、港珠澳大桥、京沪高铁、核电工程、苏通GIL(气体绝缘金属封闭输电线路)综合管廊工程等国家重点项目所选用,并出口80多个国家和地区。

企业现已具备从220伏直至50万伏全系列电力电缆及各类特种电缆的生产能力,年产值超400亿元。自主研发的核电站用电缆、港口机械用电缆先后荣获"全国制造业单项冠军产品"。三代核电壳内电缆填补了世界核级电缆领域空白,华龙一号壳内电缆达到国际领先技术水平。与此同时,新能源汽车用电缆、港口机械用卷筒电缆、柔性防火电缆、风能用耐扭电缆、光伏电缆、轨道交通用机车电缆等一大批新型特种电缆引领中国电缆技术不断进步。

江苏上上电缆集团有限公司拥有国家认定企业技术中心,是江苏省消防产品检测中心、国家电线电缆质量监督检验中心、中国船级社分包实验室。

追求卓越　永不满足

江苏上上电缆集团有限公司生产的电缆被广泛应用于新能源、输配电、轨道交通等领域，其中核电站用 K1 类电缆被认定为国家重点新产品，获国防科工委科技进步奖三等奖；港口机械用光纤复合卷筒电缆填补了国内空白；自主研发的三代核电 AP1000 壳内电缆填补了核电缆领域的世界空白。

江苏上上电缆集团有限公司拥有先进的化学交联、硅烷交联、橡皮连硫、辐照交联生产线，以及与之配套的在线检测仪器；拥有多条进口交联生产线，为国内实力雄厚的交联电缆制造企业。先进的装备、完善的检测手段，为上上电缆集团有限公司精良的品质提供了坚实的硬件平台。江苏上上电缆集团有限公司的研发成就展示如图 6-1 所示。

图 6-1　江苏上上电缆集团有限公司的研发成就展示

不求规模最大　但求质量最佳

"质量兴企",这是江苏上上电缆集团有限公司一直以来践行的发展方针。1987年,江苏上上电缆集团有限公司率先在企业内部实施"质量一票否决制",只要产品质量有一点瑕疵,就返工。当时,这一举措在业界引起了不小的振动。

2006年5月25日,常州市天宁宝塔意外着火,熊熊的大火使宝塔损毁严重,但工作人员发现,敷设于塔内的上上电缆竟还能正常使用,宝塔顶上佛光依旧。天宁寺工作人员给江苏上上电缆集团有限公司送去了"品质优良,服务周到"的锦旗,以表谢意。"优质"不怕火来炼,江苏上上电缆集团有限公司用自己的品质书写了一段传奇。

公司核电缆的研发形势喜人。1998年,K3类核电缆成功研制,达到国内领先水平;2007年,K1类核电缆成功研制,填补了国内空白。2010年,江苏上上电缆集团有限公司承接了三代核电缆研发任务。仅仅两年后,江苏上上电缆集团有限公司不负国家重托,成功交付三代核电缆,一举填补了世界空白。2014年,电缆行业大会首次公布企业排名,江苏上上电缆集团有限公司跻身中国第一、全球第十。江苏上上电缆集团有限公司用一种永不言弃的执着精神向世界展示了中国制造的力量和骄傲。

百年老店　行业状元

江苏上上电缆集团有限公司是国家"一带一路"倡议的受益企业。这家有着50多年历史的专业化电缆生产企业,掌握着行业领先的线缆研制技术,将企业做成"百年老店"是他们的奋斗目标。江苏上上电缆集团有限公司一直坚持向"精、专、特、外"战略方向迈进:"精",即依托技术创新,实施精品工程;"专",是以电线电缆作为唯一产业,一心一意走专业化发展道路;"特",指研发特种电缆,以高端制胜;"外",产品替代进口,扩大出口,提升中国电缆的国际影响力。近年来，公司研制的三代核电 AP1000 壳内电缆填补了世界电缆行业的空白，抗水树中压乙丙绝缘电缆技术达到国际先进水平，工业及医疗用高压软电缆、35 千伏无卤耐扭风能电缆、船用岸电电缆填补了国内空白……随着一项项具有高技术含量的特种电缆不断推出，江苏上上电缆集团有限公司在国内电缆行业的领先地位得到进一步巩固。目前，公司的产品销往全球 80 多个国家和地区，核心竞争力在行业内处于领先地位。

2015 年，江苏上上电缆集团有限公司投资近 4 000 万元新建的技术中心大楼投入使用。新技术中心大楼占地约 6 000 平方米，配备了国际一流的材料分析、可靠性研究等检测仪器设备，集设计、中试、检测于一体，是目前国内电缆行业规模最大、研发设备最先进和最完善的电缆及材料技术研发平台。另外，江苏上上电缆集团有限公司全面建成了以"一站两中心"（"博士后科研工作站""国家级企业技术中心""江苏省特种电线电缆工程技术研究中心"）为主体的人才培养载体。

江苏上上电缆集团有限公司与上海交通大学、上海电缆研究所、哈尔滨理工大学、美国杜邦公司、美国陶氏化学公司等单位建立了良好的产学研合作机制，吸引了一批行业专家及领军人才。江苏上上电缆集团有限公司核电缆的研发和制造水平已步入世界最前列，为目前我国重点发展领域用特种电缆及材料技术难题的解决、突破垄断、国产化做出了重要贡献。

中国产学研合作创新示范企业

发挥企业在产学研协同创新中的引领和示范作用，提高科技成果转移或转化实效，不仅提升了企业的核心竞争力和创新力，而且在产学研创新合作、应用型人才培养、服务社会经济发展等方面成效显著。江苏上上电缆集团有限公司成功入选中国产学研合作创新示范企业（图 6-2）。

江苏上上电缆集团有限公司大力推进产学研一体化，先后与上海交通大学、哈尔滨理工大学、西安交通大学等国内 20 所高校分别建立了校企合作科技研发中心，与南京航空航天大学联合创建江苏省研究生工作站，积极参与由哈尔滨理工大学牵头的省部共建先进电气装备制造与智能运行协同创新中心，还与中国科技大学、北京理工大学合作开展纳米阻燃、火焰垂直蔓延机理等前沿技术的研究。

图 6-2　江苏上上电缆集团有限公司入选中国产学研合作创新示范企业证书

【高校】哈尔滨理工大学由原机械工业部所属的哈尔滨科学技术大学、哈尔滨电工学院和哈尔滨工业高等专科学校于1995年组建而成，1998年划转黑龙江省属，实行中央与地方共建、以地方为主的管理体制。建校70多年来，学校认真贯彻党的教育方针，全面落实立德树人根本任务，扎根黑龙江沃土，深耕机电行业，艰苦奋斗，已发展成为综合实力强劲、办学特色鲜明的国内"双一流"建设高校，是省属规模最大的理工科大学之一，为我国的装备制造业发展和黑龙江经济建设做出了重要贡献。学校于2003年被教育部授予"本科教学工作水平评估优秀学校"称号；2008年，在黑龙江省高等教育强省建设规划中被确定为重点建设的10所高水平大学之一，获批教育部"国家大学生创新性实验计划"实施高校；2011年，入选首批"中西部基础能力建设工程"高校，被教育部授予"全国毕业生就业典型经验高校"荣誉称号，获批教育部"卓越工程师教育培养计划高校"；2015年，成为黑龙江省人民政府与国家国防科技工业局共建高校；2018年，入选国内"双一流"建设高校，工程学学科首次进入ESI全球前1%学科排行榜；2020年，入选黑龙江省首批高等学校课程思政建设示范高校，材料科学学科进入ESI全球前1%学科排行榜；2021年，化学学科进入ESI全球前1%学科排行榜。

南京航空航天大学创建于1952年10月，是我国自己创办的第一批航空高等院校之一。1978年，被国务院确定为全国重点大学；1981年，经国务院批准成为全国首批具有博士学位授予权的高校；1996年，进入国家"211工程"建设高校；2000年，经教育部批准设立研究生院；2011年，成为"985工程优势学科创新平台"重点建设高校；2017年，进入国家"双一流"建设序列，现有航空宇航科学与技术、力学、控制科学与工程3个学科入选第二轮"一流学科"建设名单。目前，学校已发展成为一所以工为主，理工结合，工、理、经、管、文等多学科协调发展，具有航空航天民航特色的高水平研究型大学。

西安交通大学是我国最早兴办、享誉海内外的著名高等学府，是教育部直属重点大学。学校是"七五""八五"重点建设单位，首批进入国家"211"和"985"工程建设学校。2017年，入选国家"双一流"建设名单A类建设高校；2022年，入选国家第二轮"双一流"建设高校，8个学科入选"双一流"建设学科。目前，学校是涵盖理、工、医、经、管、文、法、哲、艺、教育、交叉等11个学科门类的综合性研究型大学。

工业大奖
——旷达科技集团股份有限公司

【公司】旷达科技集团股份有限公司（以下简称"旷达科技"）始终致力于提供高品质交通工具内饰面料解决方案，拥有从有色差别化纤维生产到座套成品的完整产业链管理体系和先进的生产技术装备，具备很强的汽车内饰面料自主研发能力和完善的质量控制系统，是国内唯一通过德国大众 BMG 认证的全球汽车内饰面料供应商，与大众、奥迪、通用等多家国内外知名汽车制造商建立了战略合作关系，产品的市场占有率居国内同行首位。旷达科技荣获中国工业大奖提名奖（中国工业领域最高奖，被誉为中国工业的"奥斯卡"），是中国汽车零部件内饰件行业龙头企业、江苏省服务型制造示范企业。

公司于 1993 年建立了企业研发中心。2004 年，研发中心被江苏省科技厅认定为省级工程技术研究中心；2010 年，被江苏省经济和信息化委员会认定为省级企业技术中心；2013 年，被江苏省经济和信息化委员会认定为省级工业设计中心。2009 年，经江苏省人事厅批准，设立了省级博士后创新实践基地。

注重团队研发　厚植知识产权

旷达科技的设计研发团队被中国纺织工业联合会授予"2021 年全国纺织行业创新型班组"。产品设计研发团队有 60 余人，专业背景涵盖工业设计、纺织、染整、材料、电子及艺术设计等多学科领域，核心成员均具有 10 年以上的从业经验，熟悉各大汽车品牌的设计开发流程与技术要求，能够准确把握品牌设计风格与流行趋势等，有着丰富的主机厂新车型内饰面料设计开发经验。

按照《企业知识产权管理规范》（GB/T 29490—2013）的内容和要求，旷达科技建立并完善了一系列知识产权管理制度，对企业的知识产权进行管理。研发中心通过持续研发、创新和进行技术改进，共获得"抗菌面料及其生产工艺""一种拒水拒油防污抗紫外涤纶面料的制备方法""一种高阻燃抗静电的异形中空有色聚酯纤维及其制备方法"等专利128项，其中发明专利11项，实用新型专利75项。知识产权的获得，确定了产品市场的领先地位，增强了公司抵御风险的能力，全面提高了企业的竞争力。

交通车辆内饰表皮材料行业风向标

随着汽车工业的发展和人们生活水平的提高，汽车已经走进普通家庭，成为集出行、工作、休闲、娱乐、时尚于一体的第三生活空间。经济发展和社会进步推动了产品的消费升级，人们对汽车的要求也远超代步工具层面，舒适安全、健康环保的更高品质内饰空间已经成为新的消费需求。汽车内饰面料作为车内空间的重要表皮材料，发挥着重要作用。一方面，它包覆着内饰件，起装饰作用；另一方面，它可以赋予内饰空间更多的附加功能和价值。研发中心以个性化的创新设计研发为服务理念，在产品的新技术、新材料和新工艺方面匠心钻研，不断攻坚克难，设计开发出健康、环保、安全的汽车内饰面料新产品，引领了交通车辆内饰表皮材料行业的风向标。其多项研发成果获奖情况见表6-1。

表 6-1 旷达科技的研发成果获奖一览表

序号	时间	项目名称	奖项名称
1	2021年12月	基于纳米自组装高效抗菌抗病毒多功能纺织品的开发与产业化	2021年度中国纺织工业联合会科学技术奖二等奖
2	2021年3月	车内饰专用原液着色仿毛PBT/PET复合纤维	中国纤维流行趋势2021/2022创新奖
3	2020年12月	纳米复合功能原液着色涤纶纤维一步法制备技术集成及应用	2020年度中国商业联合会科学技术二等奖

续表

序号	时间	项目名称	奖项名称
4	2020年12月	生态多功能车用内饰面料	绿色设计国际大奖、CMF材料创新奖
5	2020年11月	霓·善意的设计	国际CMF设计奖
6	2020年1月	车用自净化有色差别化纤维	江苏纺织技术创新奖
7	2019年4月	抗静电/夜光双功能有色差别化纤维	江苏省双创计划项目、江苏省高新技术产品
8	2018年12月	车用自净化有色差别化PET纤维制备关键技术及应用研究	江苏省第五期"333工程"培养资金资助项目
9	2018年12月	自洁抑菌防静电复合功能型车用坐垫	2018年度十大类纺织创新产品
10	2017年3月	车用有色再生聚酯纤维	中国纤维流行趋势2017/2018创新奖

示范带动 匠心设计

旷达科技坚持走发展专业化、管理精细化、技术特色化和持久创新的"专精特新"发展道路。

专：旷达科技作为国内汽车零部件内饰件行业龙头企业，其市场占有率居行业前列，主要专注于为客户提供满足消费者需求的交通工具内饰表皮材料的设计解决方案，采用环境友好型或特种新材料，依托创新的材质与工艺手法，将内饰材料的色彩纹理、材质结构和工艺技术完美融合。

精：以客户为中心，进行个性化的匠心设计研发，根据市场定位、消费人群、车型特点、设计理念和内饰设计思想等因素，通过多角度、多功能的个性化内饰表皮材料定制，多维度、多层次地激发消费者的感官机能，带给消费者更加真实、全面、有效的产品体验，满足消费者对产品的多重需求。

特：遵循"善意的设计"理念，以可再生原液着色聚酯纤维为原料，在聚酯纤维着色过程中实现低耗能、无废水、零排放的绿色清洁生产，结合节能环保复合工艺技术，提升生产设备和工艺的绿色智能制造水平，减少能源资源消耗、碳排放和污染物排放，实现全流程绿色制造。

新：通过自主创新、科技成果转化等方式研发的具有自主知识产权的高性能环保内饰面料，具有较高的技术含量和产品附加值，为企业带来了显著的经济效益和社会效益。

多年来，旷达科技坚持自主创新，有效利用国内外创新资源和市场，并集中省级工程技术研究中心、企业技术中心、工业设计中心和博士后创新实践基地的研发资源与平台优势，通过人才培养、科研创新、成果转化等，为企业发展和产业转型升级提供重要支撑。旷达科技也将持续加大对交通车辆内饰新材料领域的创新投入，推动汽车内饰材料行业的创新发展。

【研发机构】 江苏省交通车辆内饰织物工程技术研究中心（以下简称"研究中心"）拥有3 130平方米的综合科研办公大楼，1 820平方米的科研、测试用场地，下设前瞻设计部（包含常州设计中心、上海设计中心和海外设计中心）、产品开发部（包含纤维开发、机织开发、针织开发和饰件开发）、测试中心（国家认可实验室）和科技项目部。研究中心拥有从德国、英国、美国、瑞士等国家引进的研发、检测和小试设备。在纺丝设备方面，引进德国VIBA纺丝机、SSM空变机和加弹机；在织造设备方面，引进平布电子剑杆机，德国KARL-Mayer公司生产的经编双针床、KS单针床和针织纬编机、针织双面纬编机等；在检测设备方面，拥有万能拉伸仪、日晒牢度仪、耐磨仪、高低温潮湿试验箱、透气性试验仪、雾化试验箱等全套进口测试设备，具备测试纱线、面料、内饰件等多达100余项的项目性能指标的能力，能满足大众、奥迪、通用、神龙、日产、本田等不同主机厂的测试需求。

【高校】 南通大学始建于1912年，源自近代著名实业家、教育家张謇创办的私立南通医学专门学校和南通纺织专门学校，是江苏省人民政府和交通运输部共建的综合性大学。学校涵盖文学、理学、工学、医学、艺术学、经济学、法学、教育学、历史学、管理学等10个学科门类。学校拥有江苏高校优势学科2个、江苏省重点学科8个、江苏省临床医学重点专科30个。近年来，学校荣获国家级教学成果一等奖、二等奖共3项，荣获国家技术发明奖、全国创新争先奖、何梁何利基金科学与技术进步奖、教育部高等学校科学研究优秀成果奖（科学技术）、江苏省科学技术奖、全国行业协会类科学技术奖、江苏省哲学社会科学优秀成果奖等一批高层次奖励。五年来，承担国家重点研发计划项目、国家自然科学基金项目（516项）和国家社会科学基金项目（102项）等600余项，获专利授权2 100余件，连续多年被评为江苏省科技工作先进高校。

潜力无限
——常州亚玛顿股份有限公司

【公司】 常州亚玛顿股份有限公司（以下简称"亚玛顿"）成立于2006年，是一家高新技术企业、江苏省创新型企业、福布斯最具潜力企业、可再生能源行业协会会员单位。2011年，亚玛顿在深交所中小板上市。亚玛顿是技术主导型的制造企业，始终专注于光伏镀膜玻璃、超薄物理钢化玻璃和双玻组件的研发、生产与销售。通过在前瞻领域投入研发经费，亚玛顿不断推陈出新，采用先进的大尺寸薄型热钢化技术，将钢化玻璃减薄至2毫米及以下，搭载高性能减反射镀膜技术，配合独特的光伏组件设计理念，创新开发了超薄双玻组件，助力光伏行业进入更薄、更轻、更耐久的轻量化时代。公司建有年产1 500万平方米的光伏玻璃深加工及镀膜生产线，以及年产量300万平方米的透明导电玻璃生产线。其成功研制出的具有国际领先水平的高透光率光伏玻璃，被认定为江苏省高新技术产品。公司力争成为国内领先、国际知名、具有全球竞争力的专业光伏玻璃生产商。

为了实现强强联合、互补共赢，亚玛顿与一些高校及研究机构在科技研发、人才培育和服务等方面建立了良好的合作关系，取得了丰硕的成果。

1. 合作领域

亚玛顿以促进高新技术产业发展为宗旨，在镀膜太阳能电池组件封装用玻璃、薄膜太阳能电池与透明导电膜、太阳能光热技术、超薄玻璃的钢化等领域，与一些高校和研究机构开展全面合作，在科技创新平台建立、高新技术转化、学历和非学历教育、科技创业服务平台建设等方面取得了实效。

2. 双方的主要责任和义务

(1) 甲方——亚玛顿的主要责任和义务。

① 向乙方发布和提供企业技术攻关、产品开发等方面的有关信息；定期或不定期筹办双方在科技、人才等方面的对接洽谈会。

② 充分发挥产业优势，与乙方合作建设学生实习基地和社会实践基地，并为乙方的高层次人才柔性合作和毕业生就业提供便利。

(2) 乙方——常州大学、上海交通大学、江南石墨烯研究院的主要责任和义务。

① 为甲方科技发展规划提供专家智囊团，为甲方产业战略规划、产业结构调整等重大问题提供决策咨询服务；参与甲方重大项目的论证或提出建议，实现产业升级和技术跨越式发展。

② 积极宣传、介绍甲方发展情况和相关人才开发激励政策，根据甲方发展需要，为甲方培养和输送优秀的专业人才。

③ 向甲方及时提供具有良好发展前景的可供转化的高新技术成果、专利等，并为甲方提供相应项目的技术、人才服务，推动科技项目的孵化及科技成果的转化。

④ 充分发挥科技和人才优势，积极帮助甲方解决技术项目需求和技术难题；积极为甲方提供多种形式的人员培训，在国家政策允许的范围内，为甲方有关人员的学历教育提供便利。

(3) 具体合作内容。

① 共建光伏玻璃工程技术研究院，乙方围绕甲方的技术需求和产业升级，提供人才和技术。

② 充分发挥各方的优势，形成合力，联合申报国家、省、市级各类科技计划和人才项目。

③ 共建研究生工作站和产学研合作基地，搭建科学研究、成果转化和高层次人才培养的合作平台。

3. 重点研究的项目

亚玛顿重点实验室与国内外专家、科研单位、高校积极开展合作，通过开放性课题开展前沿技术的合作研究（表6-2）。

表 6-2 亚玛顿重点研究项目一览表

合作方	课题
澳大利亚新南威尔士大学	Develop stable and printable planar perovskite photovoltaics with beyond 20% efficiency
	Development of up-scalable beyond 20% efficiency Se-containing kesterite (CZTSSe) solar cells
南京航空航天大学空气动力学研究中心	双玻太阳能光伏组件抗风性能
华东师范大学纳米功能材料与器件应用研究中心	超高清新型超薄光电玻璃基板关键技术开发
"台湾"东华大学	固态电致变色元件制程技术开发及变色材料特性分析
机械科学研究总院江苏分院有限公司	高效连续钢化炉关键系统开发及组件改造
	能源管理系统平台建设
	光电基板绿色设计及制造关键技术开发
江南石墨烯研究院	超薄光电玻璃镀膜石墨烯功能层的研究
北京科技大学	超高清新型超薄光电玻璃基板关键技术开发

【高校】 常州大学是江苏省人民政府与中国石油天然气集团有限公司、中国石油化工集团有限公司及中国海洋石油集团有限公司共建的省属全日制本科院校。学校学科门类较为齐全，学科特色较为鲜明，涵盖工学、理学、管理学、经济学、文学、法学、艺术学、医学、农学、教育学等10大学科门类。现有一级学科博士学位授权点2个、一级学科硕士学位授权点15个、专业硕士学位授权点17个，拥有省优势学科2个、省"十四五"重点学科8个，化学、材料科学、工程学3个学科进入全球ESI学科排名前1%。

上海交通大学是我国历史最悠久、享誉海内外的高等学府之一，是教育部直属并与上海市共建的全国重点大学。经过120多年的不懈努力，上海交通大学已经建设成为一所"综合性、创新型、国际化"的国内一流、国际知名大学。

近年来，通过国家"985工程"、"211工程"和"双一流专项"的建设，学校高层次人才日渐汇聚，科研实力快速提升，实现了向研究型大学的转变。

学校现有本科专业75个，涵盖经济学、法学、文学、理学、工学、农学、医学、管理学和艺术等9个学科门类。学校有18个学科入选国家"双一流"建设学科，18个学科入选上海市高峰高原学科。学校的科学研究与科技创新水平不断提高。20余年来，获得国家科技奖99项，上海市奖593项。

【研究机构】 江南石墨烯研究院于2011年10月18日在江苏常州市武进经济开发区成立，是由常州市政府、武进区政府共同出资组建的公益性科研型事业单位，旨在搭建石墨烯材料及其应用的科技创新平台、技术转移平台、企业孵化平台、创业投资平台和国际交流合作平台，为国内外本领域科技人才和团队开展研发测试、转化科技成果、孵化科技项目、创办科技企业提供服务。

产业强链

——常州中英科技股份有限公司

【公司】 常州中英科技股份有限公司（以下简称"中英科技"）成立于2006年，是一家专业从事高频/高速通信材料及其制品的研发、生产和销售的高新技术企业，是国内最大的高频/高速通信材料供应商之一。中英科技率先在国内推出的聚四氟乙烯基高频覆铜板、碳氢聚合物基高频/高速覆铜板和高频聚合物基复合材料等产品，打破了国外在高频/高速通信材料领域的垄断，拥有完全自主知识产权。公司产品是国家战略性新兴产业发展的关键基础材料，被广泛应用于5G移动通信、卫星导航、雷达、自动驾驶、安防等领域。公司目前具备年产高频基板80万张、半固化片及粘接片800万米的产能规模，所生产的高频微波基板被广泛应用于基站天线、功率放大器、低噪声放大器、滤波器、耦合器、航空航天、卫星通信、卫星电视、军事雷达、电子对抗系统、全球定位系统、微波组件、微波模块等领域。公司注重对技术的不断研发和创新，多次被评为"常州市民营科技企业""江苏省民营科技企业""江苏省明星企业"，并荣获常州市科技进步奖、江苏省科技进步奖、中国石油和化学工业科技进步奖等各类奖项。

省级专精特新"小巨人"

中英科技与国内高校及科研单位合作，于2011年获政府批准成立了企业技术中心和高频微波工程研究中心，研发出具有自主知识产权的先进高频微波基板生产设备和生产工艺。公司生产的高频微波基板获得了国家化工行业生产力促进中心认定的科技成果鉴定证书，具有核心技术专利10个，并获得了江苏省科学技术厅的"高新技术产品认定"。2021年，公司在深交所A股创业板上市，产品高频微波覆铜板被认定为江苏省专精特新产品（图6-3），募资建设的高频覆铜板项目、高频复合材料项目、研发中心建设项目等已部分投产。公司具有完善的高频/高速覆铜板和高频复合材料一体化研发与生产能力，在高频/高速通信材料领域拥有完全自主知识产权，已累计获得授权发明专利18项，申请发明专利18项，承担江苏省工业和信息化产业转型升级项目1项、常州市科技成果转化项目1项，完成验收1项。

图6-3　江苏省专精特新产品证书

中英科技始终秉持"做大、做强、做产业链，走精细化之路"的创新发展模式，积极发挥专精特新"小巨人"企业的示范带头作用，争做通信行业高端制造领域的领头羊。

致力于核心技术研发

核心技术是企业生存和发展的立身之本。公司始终关注核心基础原材料和高端高频/高速覆铜板的研发、生产流程、性能检测等重要环节的持续创新投入，进一步扩充专业人才队伍、优化人才引进政策、建立健全人才培养制度、完善人才激励机制，为公司研发人员提供积极、和谐的科研环境。同时，公司加深与高校及科研单位的产学研合作，始终保持较高的市场敏感度、快速的研发-响应能力和技术创新能力。

强化品牌建设

公司通过优化生产配方及工艺、升级测试技术与设备、提升绿色制造水平和安全生产水平等，积极实现生产规模化、集约化、标准化和产业化发展模式，不断提高产品综合品质，加快技术革新，创建市场认可度较高的国内品牌，以扩大业务规模，扩展产品类型，提高市场占有率，增强市场竞争力，从而推动国内高频/高速通信材料产业发展。

完善发展战略

公司坚持以不断提高公司管理水平、逐步深化产业链布局为战略思想，以VC（真空腔均热板散热技术）均热板、引线框架等高频/高速通信材料上下游产业链中的关键产品为突破口，进一步开拓通信市场，推动产业链技术标准创新。同时，不断完善先进企业文化建设和群团组织建设工作，提升企业社会认可度。

智能制造

——五洋纺机有限公司

【公司】 五洋纺机有限公司（以下简称"五洋"）成立于1996年，致力于双针床经编机的研发与生产，是以生产系列经编机为主的综合性国家高新技术企业。经过20多年的发展，五洋已成为全球双针床经编机领域的领跑者，产品远销30多个国家和地区，全球市场占有率达35%。2016年，五洋被评为首批国家制造业单项冠军示范企业。2020年，五洋销售双针床经编机750台，实现销售收入13 250万元。五洋研发的双针床经编机采用连杆成圈机件传动机构，结构构件数量减少，在空间上更加紧凑，传动更加平稳、精确，运动的同步性更好，高速时噪声小，有效地避免了传统经编机凸轮机构或偏心连杆机构带来的噪声大、冲击大、制造和装配精度要求高、运动精度难以保障等缺点。

开创行业智能制造模式先河

五洋在同行中率先开展数字化工厂建设，采用可视化动态仿真模型进行两条高速双针床经编机生产线的总体规划、设计和决策。实施统一的产品研发数据管理平台PLM，建立数据和网络安全机制，实现企业CAD/CAM/CAPP/ERP/MES的系统集成，支持实时数据采集和交互。采用CPS（信息物理系统）和IoT（物联网）技术建设工业互联网，实现在线跟踪物流和订单，利用ERP/MES实现物料资源计划、生产实时调度和在线监控，并借助人工智能技术，进一步实现生产智能排程和调度、工艺流程优化，建立高效、安全的个性化和数字化产品与服务的生产模式，最终实现柔性生产。

自主研发　跑赢市场

五洋先后成功研发了数控多梳经编机、贾卡压纱板经编机、双针床提花经编机、全自动无缝内衣经编机、智能控凸轮磨床、龙门加工中心等系列产品，并以每年成功推出3~6个新产品而引领市场。五洋产品中被列入科技部和江苏省科技厅"火炬计划"的有2项，被列入国家星火计划项目的有1项，并获得全国工商业联合会科技进步奖优秀奖、中国纺织工业联合会科技进步奖一等奖各1项，江苏省优秀新产品金奖1项，有江苏省创新科技产品2个、江苏省高新技术产品11个。五洋产品远销日本、加拿大、印度、西班牙等32个国家和地区，销售收入连续多年保持30%以上的增幅。五洋用6年时间研制的经编机生产出的半刚性玻璃纤维网格基布，成为发射升空的"天宫一号"太阳能充电帆板上的关键材料，为我国航天、军事等领域做出了贡献。五洋还承担并完成了国家发改委下达的"提高新型纺机重大技术装备水平"专项和国家发改委、工信部、财政部下达的"高效织造智能化经编生产线"项目。先后3次完成了国家工信部下达的制定经编机行业标准的任务。

借力知识　智能领跑

2012年，五洋投资1.5亿元打造业内首个数字化工厂，通过引进一批自动化、数字化的生产设备，融合大数据环境下的通信技术，加快实现智能化生产。从数字化工厂的投建开始，五洋与高校、科研机构合作，借助知识的力量，为五洋的发展寻求更广阔的空间。五洋创办了国内纺织业首个智能工厂，在3.5万平方米的厂房内，包括关节机器人、AGV小车、立体仓库、堆垛机器人在内的一批运营装备，只需40多名员工。五洋研发的数控多梳经编机、高速单针床经编机、全成形智能服装经编机等产品，已遍布全国大部分省、自治区、直辖市，并远销加拿大、欧盟等30多个国家和地区，甚至垄断了印度、埃及的经编机市场。

南京理工大学与五洋开展产学研合作已有10余年，每年研究生、博士生及相关院系的教授都会带队到五洋，帮助企业收集生产数据，为其智能化生产提供方案，并合作申请发明专利等。

随着数字化工厂建设的完成，进行零部件精准生产、生产工艺改进、物流系统研发，依托"互联网+智能制造"开发更先进的生产智能管理系统，实现全面信息化管理，已经成为企业新的智能化发展方向。当前，五洋与科研院所的深度合作又有了新的进展，江南大学、天津工业大学、河南工学院等众多院校走进五洋，通力合作，实现纺织"智造"，用知识引领行业发展。

持续加大新产品研发力度

五洋把科技创新视为企业转型升级的源动力，成立了江苏省经编机运动控制系统工程技术研究中心、江苏省重点企业技术中心、中国纺织机械行业双针床经编机产品研发中心、江苏省企业研究生工作站，并投入巨资建成功能完备的综合研发基地。五洋已累计获得授权专利150余项、软件著作权19项，与中科院沈阳自动化研究所、南京理工大学、上海交通大学、东华大学、天津工业大学等国内院所加强合作，在机械、纺织、智能技术等方面强强联合，确保每年有2~3个新产品通过科技成果鉴定，走向市场。

【高校】南京理工大学是隶属于工业和信息化部，由工信部、教育部与江苏省人民政府共建的全国重点大学，是世界一流学科建设高校，国家"211工程"、"985工程优势学科创新平台"重点建设高校，入选国家"111计划"、卓越工程师教育培养计划、国家建设高水平大学公派研究生项目、新工科研究与实践项目、国家大学生创新性实验计划、国家大学生文化素质教育基地、国家创新人才培养示范基地、国家国际科技合作基地、中国政府奖学金来华留学生接收院校、全国创新创业典型经验高校、全国首批深化创新创业教育改革示范高校、全国高校实践育人创新创业基地、全国首批高等学校科技成果转化和技术转移基地、全国专利工作试点示范高校等，是全国18所获批国家双创示范基地的高校之一，全国首批博士、硕士学位授予单位，中俄工科大学联盟、工业和信息化部高校联盟、B8协同创新联盟、CDIO工程教育联盟成员单位，素有"兵器技术人才摇篮"的美誉。

东华大学是教育部直属的全国重点大学，是世界一流学科建设高校、"211工程"建设高校，入选国家"2011计划"牵头高校、"111计划"、"双万计划"、卓越工程师教育培养计划、国家大学生创新性实验计划、中非高校"20+20"合作计划、国家级大学生创新创业训练计划、国家建设高水平大学公派研究生项目、国家级新工科研究与实践项目、国家级新农科研究与改革实践项目、中国政府奖学金来华留学生接收院校、全国深化创新创业教育改革特色典型经验高校、上海市首批深化创新创业教育改革示范高校、全国高校实践育人创新创业基地、上海市卓越新闻传播人才培养基地、全国首批博士和硕士学位授予单位、教育部"援疆学科建设计划"40所重点高校之一、首批28所全国来华留学质量认证院校之一、高水平行业特色大学优质资源共享联盟、"一带一路"世界纺织大学联盟创始成员。

后 记

习近平总书记强调:"创新的实质效果是优胜劣汰、破旧立新。我们要着力构建以企业为主体、市场为导向、产学研相结合的技术创新体系,注重发挥企业家才能,加快科技创新,加强产品创新、品牌创新、产业组织创新、商业模式创新,提升有效供给,创造有效需求。"

在我们编完这本书的时候,重温习近平总书记的重要指示精神,感触颇深。显然,这是伟大的中国人民应对世界百年未有之大变局所做出的正确选择,也是伟大的中国共产党回答世界人民"中国将如何发展"所给出的正确答案。因而可以确定的是,随着我国进入发展新阶段,通过贯彻发展新理念、构建发展新格局,中华民族伟大复兴的梦想一定会实现。

与此同时,我们也被常州众多企业以及企业家们在江苏大地上生动的产学研深度融合的伟大实践所深深折服。正是他们艰苦卓绝的奋斗,才赢得了常州今日之辉煌!在此,谨向他们致以最崇高的敬意!

整个产学研的深度融合离不开政府的参与和支持。此书最终得以顺利出版,得到了常州市科技局产学研合作处的领导们的帮助和支持。在此,谨向他们表示最诚挚的感谢!

最后,特别需要感谢苏州大学出版社的编辑,是他们精心的编辑、严谨的校对、高质量的制作,为本书增色,更令我们添辉。